हर कहानी कुछ कहती है

डॉ॰ पंकज पाराशर

यह पुस्तक आपके और उन सभी लोगों के लिए है जिन्होने अपने जीवन मे कभी भी कोई कहानी सुनी या फिर सुनाई है और जो यह मानते है कि उन कहानियों ने उनका मार्गदर्शन किया है।

यहां तक कि एक सामान्य पाठक के लिए भी यह पुस्तक किसी भी पृष्ठ को खोलने के लिए रोचक कहानियों का कभी न खत्म होने वाला स्रोत प्रदान करेगी और आपको ऐसी कहानियाँ मिलेंगी , जिन्हें आप न केवल पढ़ना चाहेंगे बल्कि उन्हे आत्मसात करना चाहेंगे।

लेखक द्वारा अपने दोस्तो, रिश्तेदारों व अन्य अनेक लोगो से सुनी/ प्राप्त हुई कहानियों मे से कुछ चुनिन्दा कहानियों के संकलन का हर पृष्ठ आपको अपना मित्र जैसा- मित्र की सलाह जैसा लगेगा जिसे आप अपने दिमाग के खजाने में संग्रहीत करना चाहेंगे ।

अपनी सहेली " हर कहानी कुछ कहती है " की कॉपी हमेशा संभाल कर रखें। आप जल्द ही इसके शौकीन हो जाएंगे और आप ये कहानियाँ अपने बच्चो को सुनाएंगे, पक्के तौर पर आप इसे अपने दोस्तों और रिश्तेदारों को सुझाएंगे। शुभ अवसरों पर देने के लिए इससे कोई बेहतर उपहार हो सकता है भला ? आपके द्वारा सफलता की ओर बढ़ाए जा रहे कदमो के लिए हमारी तरफ से ढेरों शुभकामनायें ।

जैसा कि मैं पहले ही बता चुका हूँ कि ये कहानियाँ मैंने या तो सुनी है या फिर मुझे विभिन्न स्रोतो से प्राप्त हुई है इसलिए पाठको से अनुरोध है कि पुस्तक की सामग्री के किसी भी प्रकाशित या अप्रकाशित सामग्री से किसी भी तरह मेल को केवल एक संयोग की तरह ही ले और इसके लिए लेखक और प्रकाशक किसी भी रूप मे उत्तरदायी नहीं होंगे।

अगर आपको भी लगता है की आपके पास कोई कहानी है जो कि आपसे कुछ कहती है तो हमे जरूर बतायें हम निश्चित तौर पर अपने अगले अंक मे उसे आपके नाम के साथ सम्मिलित करने का प्रयास करेंगे।

- डॉ॰ पंकज पाराशर

drpankajparashar@yahoo.com

क्रम-सूची

क्रम-सूची

प्रस्तावना

एक वक्त था जब दादा -दादी , नानी के मुंह से कहानी सुने बिना बच्चों को नींद नहीं आती थी। मगर अब बच्चों की जिद के आगे मां-बाप बेबस हैं। अब दादा-दादी के मुंह से पांच से दस साल की उम्र के बच्चे कहानियां सुनकर नहीं सोते। अब उनको सोने के लिए एंड्रॉयड मोबाइल ही रास आता है।

बच्चो के मोह में मां-बाप भी जकड़े हैं लेकिन डॉक्टर इसे बच्चों के लिए बेहद खतरनाक मानते हैं। विशेषज्ञों की नजर में इसमें कई गंभीर खतरे भी हैं लेकिन "भागमभाग जीवन में इसकी परवाह करने की जहमत कोई नहीं उठा रहा।"

एक दशक से यह बदलाव अधिक आया है इसने तमाम लोक परंपराओं को छीन लिया। छोटे बच्चों को बहलाने और डराने के लिए रात में सुनाई जाने वाली कहानियां भी गुजरे जमाने की बात हो गईं। अब पांच साल का बच्चा भी बिना मोबाइल देखे रात में नहीं सोता।

शहर की तो बात ही छोड़िए अब तो गांवों का हाल भी बुरा है। यहां भी छोटे बच्चों पर मोबाइल क्रांति का पूरा रंग चढ़ा है। देश वीर शहीदों की बात व कहानी सुनने की जगह बच्चे मोबाइल पर नए-नए ऐप अपलोड करते हैं।

बच्चों ने घर से निकलना बंद कर दिया और खेल के मैदानों पर पसीना बहाना बंद कर दिया जिससे उनका नाता सामाजिक सरोकारों से टूट सा रहा है।

ये तस्वीर हमारी आंखो में कई बार चुभने लगती है जब वह किसी घर के कमरे में मां, बाप व बेटे को एक साथ अलग-अलग मोबाइल पर व्यस्त रहता हुआ देखते हैं।

इसी आंखो मे चुभती तस्वीर मे कुछ नए रंग भरने की हमारी कोशिश है लेकिन यह काम इतना आसान नहीं है, इसमे आपका सहयोग अपेक्षित है ।

1

क्या पुण्यों का मोल होता है ?

एक व्यापारी जितना अमीर था उतना ही दान-पुण्य करने वाला, वह सदैव यज्ञ-पूजा आदि कराता रहता था।एक बार उसे व्यापार में घाटा चला गया,अब उसके पास परिवार चलाने लायक भी पैसे नहीं बचे थे।व्यापारी की पत्नी ने सुझाव दिया कि पड़ोस के नगर में एक बड़े सेठ रहते हैं। वह दूसरों के पुण्य खरीदते हैं।आप उनके पास जाइए और अपने कुछ पुण्य बेचकर थोड़े पैसे ले आइए, जिससे फिर से काम-धंधा शुरू हो सके।

पुण्य बेचने की व्यापारी की बिलकुल इच्छा नहीं थी, लेकिन पत्नी के दबाव और बच्चों की चिंता में वह पुण्य बेचने को तैयार हुआ। पत्नी ने रास्ते में खाने के लिए चार रोटियां बनाकर दे दीं। व्यापारी चलता-चलता उस नगर के पास पहुंचा जहां पुण्य के खरीदार सेठ रहते थे। उसे बहुत भूख लगी थी। नगर में प्रवेश करने से पहले उसने सोचा भोजन कर लिया जाए। उसने जैसे ही रोटियां निकालीं एक कुतिया तुरंत के जन्मे अपने तीन बच्चों के साथ आ खड़ी हुई।

कुतिया ने बच्चे जंगल में जन्म दिए थे। बारिश के दिन थे और बच्चे छोटे थे, इसलिए वह उन्हें छोड़कर नगर में नहीं जा सकती थी। व्यापारी को दया आ गई। उसने एक रोटी कुतिया को खाने के लिए दे दिया। कुतिया पलक झपकते रोटी चट कर गई लेकिन वह अब भी भूख से हांफ रही थी। व्यापारी ने दूसरी रोटी, फिर तीसरी और फिर चारो रोटियां कुतिया को खिला दीं। खुद केवल पानी पीकर सेठ के पास पहुंचा।

व्यापारी ने सेठ से कहा कि वह अपना पुण्य बेचने आया है। सेठ व्यस्त था। उसने कहा कि शाम को आओ। दोपहर में सेठ भोजन के लिए घर गया और उसने अपनी पत्नी को बताया कि एक व्यापारी अपने पुण्य बेचने आया है। उसका कौन सा पुण्य खरीदूं।

सेठ की पत्नी बहुत पतिव्रता और सिद्ध थी। उसने ध्यान लगाकर देख लिया कि आज व्यापारी ने कुतिया को रोटी खिलाई है।

उसने अपने पति से कहा कि उसका आज का पुण्य खरीदना जो उसने एक जानवर को रोटी खिलाकर कमाया है। वह उसका अब तक का सर्वश्रेष्ठ पुण्य है। व्यापारी शाम को फिर अपना पुण्य बेचने आया। सेठ ने कहा- आज आपने जो यज्ञ किया है मैं उसका पुण्य लेना चाहता हूं। व्यापारी हंसने लगा। उसने कहा कि अगर मेरे पास यज्ञ के लिए पैसे होते तो क्या मैं आपके पास पुण्य बेचने आता !

सेठ ने कहा कि आज आपने किसी भूखे जानवर को भोजन कराकर उसके और उसके बच्चों के प्राणों की रक्षा की है। मुझे वही पुण्य चाहिए। व्यापारी वह पुण्य बेचने को तैयार हुआ। सेठ ने कहा कि उस पुण्य के बदले वह व्यापारी को चार रोटियों के वजन के बराबर हीरे-मोती देगा। चार रोटियां बनाई गईं और उसे तराजू के एक पलड़े में रखा गया। दूसरे पलड़े में सेठ ने एक पोटली में भरकर हीरे-जवाहरात रखे।पलड़ा हिला तक नहीं। दूसरी पोटली मंगाई गई। फिर भी पलड़ा नहीं हिला।

कई पोटलियों के रखने पर भी जब पलड़ा नहीं हिला तो व्यापारी ने कहा- सेठजी, मैंने विचार बदल दिया है. मैं अब पुण्य नहीं बेचना चाहता। व्यापारी खाली हाथ अपने घर की ओर चल पड़ा। उसे डर हुआ कि कहीं घर में घुसते ही पत्नी के साथ कलह न शुरू हो जाए। जहां उसने कुतिया को रोटियां डाली थी, वहां से कुछ कंकड़-पत्थर उठाए और साथ में रखकर गांठ बांध दी।

जब घर पहुंचने पर पत्नी ने पूछा कि पुण्य बेचकर कितने पैसे मिले तो उसने थैली दिखाई और कहा इसे भोजन के बाद रात को ही खोलेंगे। इसके बाद गांव में कुछ उधार मांगने चला गया। इधर उसकी पत्नी ने जबसे थैली देखी थी उसे सब्र नहीं हो रहा था। पति के जाते ही उसने थैली खोली - उसकी आंखे फटी रह गईं क्योंकि थैली हीरे-जवाहरातों से भरी थी।

व्यापारी घर लौटा तो उसकी पत्नी ने पूछा कि पुण्यों का इतना अच्छा मोल किसने दिया ? इतने हीरे-जवाहरात कहां से आए ??

व्यापारी को अंदेशा हुआ कि पत्नी सारा भेद जानकर ताने तो नहीं मार रही लेकिन, उसके चेहरे की चमक से ऐसा लग नहीं रहा था।

व्यापारी ने कहा- दिखाओ कहां हैं हीरे-जवाहरात। पत्नी ने लाकर पोटली उसके सामने उलट दी। उसमें से बेशकीमती रत्न गिरे। व्यापारी हैरान रह गया फिर उसने पत्नी को सारी बात बता दी। पत्नी को पछतावा हुआ कि उसने अपने पति को विपत्ति में पुण्य बेचने को विवश किया। दोनों ने तय किया कि वह इसमें से कुछ अंश निकालकर व्यापार शुरू करेंगे। व्यापार से प्राप्त धन को इसमें मिलाकर जनकल्याण में लगा देंगे। ईश्वर आपकी परीक्षा लेता है। परीक्षा में वह सबसे ज्यादा आपके उसी गुण को परखता है जिस पर आपको गर्व हो।

अगर आप परीक्षा में खरे उतर जाते हैं तो ईश्वर वह गुण आपमें हमेशा के लिए वरदान स्वरूप दे देते हैं।

अगर परीक्षा में उत्तीर्ण न हुए तो ईश्वर उस गुण के लिए योग्य किसी अन्य व्यक्ति की तलाश में लग जाते हैं इसलिए विपत्तिकाल में भी भगवान पर भरोसा रखकर सही राह चलनी

चाहिए। आपके कंकड़-पत्थर भी अनमोल रत्न हो सकते हैं।

2

चैन की नींद

बहुत समय पहले की बात है , आइस्लैंड के उत्तरी छोर पर एक किसान रहता था . उसे अपने खेत में काम करने वालों की बड़ी ज़रुरत रहती थी लेकिन ऐसी खतरनाक जगह , जहाँ आये दिन आंधी –तूफ़ान आते रहते हों , कोई काम करने को तैयार नहीं होता था .

किसान ने एक दिन शहर के अखबार में इश्तहार दिया कि उसे खेत में काम करने वाले एक मजदूर की ज़रुरत है . किसान से मिलने कई लोग आये लेकिन जो भी उस जगह के बारे में सुनता , वो काम करने से मना कर देता . अंततः एक सामान्य कद का पतला -दुबला अधेड़ व्यक्ति किसान के पास पहुंचा .किसान ने उससे पूछा , " क्या तुम इन परिस्थितयों में काम कर सकते हो ?"

" हम्म्म , बस जब हवा चलती है तब मैं सोता हूँ ." व्यक्ति ने उत्तर दिया .

किसान को उसका उत्तर थोड़ा अजीब लगा लेकिन चूँकि उसे कोई और काम करने वाला नहीं मिल रहा था इसलिए उसने व्यक्ति को काम पर रख लिया.

मजदूर मेहनती निकला , वह सुबह से शाम तक खेतों में कमर तोड़ मेहनत करता , किसान भी उससे काफी संतुष्ट था .कुछ ही दिन बीते थे कि एक रात अचानक ही जोर-जोर से हवा चलने लगी , किसान अपने अनुभव से समझ गया कि अब तूफ़ान आने वाला है . वह तेजी से उठा , हाथ में लालटेन ली और मजदूर के झोपड़े की तरफ दौड़ा .

जल्दी उठो , देखते नहीं तूफ़ान आने वाला है , इससे पहले की सबकुछ तबाह हो जाए कटी फसलों को बाँध कर ढक दो और बाड़े के गेट को भी रस्सियों से कास दो ." किसान चीखा .

मजदूर बड़े आराम से पलटा और बोला , " नहीं मालिक , मैंने आपको पहले ही बताया था कि जब हवा चलती है तो मैं सोता हूँ !!!."

यह सुन किसान का गुस्सा सातवें आसमान पर पहुँच गया , जी में आया कि उस मजदूर को गोली मार दे , पर अभी वो आने वाले तूफ़ान से चीजों को बचाने के लिए भागा .

किसान खेत में पहुंचा और उसकी आँखें आश्चर्य से खुली रह गयी , फसल की गांठें अच्छे से बंधी हुई थीं और तिरपाल से ढकी भी थी , उसके गाय -बैल सुरक्षित बंधे हुए थे और मुर्गियां भी अपने दडबों में थीं ... बाड़े का दरवाज़ा भी मजबूती से बंधा हुआ था . सारी चीजें बिलकुल व्यवस्थित थी ...नुक्सान होने की कोई संभावना नहीं बची थी। अब किसान को मजदूर की कही हुई वह बात अच्छी तरह से समझ आ गई थी कि " जब हवा चलती है तब मैं सोता हूँ "...

मित्रों , हमारी ज़िन्दगी में भी कुछ ऐसे तूफ़ान आने तय हैं , ज़रुरत इस बात की है कि हम उस मजदूर की तरह पहले से तैयारी कर के रखें ताकि मुसीबत आने पर हम भी चैन से सो सकें. जैसे कि यदि कोई विद्यार्थी साल की शुरूआत से ही पढ़ाई करे तो परीक्षा के समय वह आराम से बिना किसी चिंता के रह सकता है, हर महीने बचत करने वाला व्यक्ति पैसे की ज़रूरत पड़ने पर निश्चिंत रह सकता है, नेता लोग शुरू से ही जनता पर ध्यान दे ताकि चुनावो मे आसानी से जीत हासिल हो सके ।

तो चलिए हम भी कुछ ऐसा करें कि कह सकें – " जब हवा चलती है तो मैं सोता हूँ."

3

गुणों वाला गंगाजल

एक बार एक गाँव में पंचायत लगी थी | वहीं थोड़ी दूरी पर एक संत ने अपना बसेरा किया हुआ था|

जब पंचायत किसी निर्णय पर नहीं पहुच सकी, तो किसी ने कहा कि क्यों न हम महात्मा जी के पास अपनी समस्या को लेकर चलें , अतः सभी संत के पास पहुंचे |

जब संत ने गांव के लोगों को देखा तो पूछा कि कैसे आना हुआ ?

तो लोगों ने कहा 'महात्मा जी गाँव भर में एक ही कुआँ हैं और कुँए का पानी हम नहीं पी सकते, बदबू आ रही है । मन भी नहीं होता पानी पीने को।

संत ने पूछा --हुआ क्या ?

पानी क्यों नहीं पी रहे हो ?

लोग बोले--तीन कुत्ते लड़ते लड़ते उसमें गिर गये थे । बाहर नहीं निकले, मर गये उसी में । अब जिसमें कुत्ते मर गए हों, उसका पानी कौन पिये महात्मा जी ?

संत ने कहा -- 'एक काम करो ,उसमें गंगाजल डलवाओ ।

तो कुएं में गंगाजल भी आठ दस बाल्टी छोड़ दिया गया ।

फिर भी समस्या जस की तस !

लोग फिर से संत के पास पहुंचे,अब संत ने कहा"

भगवान की पूजा कराओ"।

लोगों ने कहा ••••ठीक है ।

भगवान की पूजा कराई ,

फिर भी समस्या जस की तस ।

लोग फिर संत के पास पहुंचे !

अब संत ने कहा उसमें सुगंधित द्रव्य डलवाओ।

लोगों ने फिर कहा •••••• हाँ, अवश्य ।

सुगंधित द्रव्य डाला गया ।

नतीजा फिर वही...ढाक के तीन पात।

लोग फिर संत के पास गए ,

अब संत खुद चलकर आये ।

लोगों ने कहा-- महाराज ! वही हालत है, हमने सब करके देख लिया । गंगाजल भी डलवाया, पूजा भी करवायी, प्रसाद भी बाँटा और उसमें सुगन्धित पुष्प और बहुत चीजें डालीं; लेकिन महाराज !

हालत वहीं की वहीं ।

अब संत आश्चर्यचकित हुए कि अभी भी इनका कार्य ठीक क्यों नहीं हुआ ?

तो संत ने पूछा-- कि तुमने और सब तो किया, वे तीन कुत्ते मरे पड़े थे, उन्हें निकाला कि नहीं ?

लोग बोले -- उनके लिए न आपने कहा था, न हमने निकाला, बाकी सब किया । वे तो वहीं के वहीं पड़े हैं ।

संत बोले -- जब तक उन्हें नहीं निकालोगे, इन उपायों का कोई प्रभाव नहीं होगा ।

सही बात यह है कि हमारे आपके जीवन की भी यही कहानी है ,

इस शरीर नामक गाँव के अंतःकरण के कुएँ में ये काम, क्रोध और लोभ के तीन कुत्ते लड़ते झगड़ते गिर गये हैं ।

बस इन्हीं की बदबू फैली है ।

हम उपाय पूछते हैं तो लोग बताते हैं-- तीर्थ यात्रा कर लो, थोड़ा यह कर लो, थोड़ा पूजा करो, थोड़ा पाठ ।

सब करते हैं, पर बदबू उन्हीं दुर्गुणों की आती रहती है ।

यानि सबसे पहले हम सभी अपने भीतर के दुर्गुणों को निकाल कर बाहर करें तभी हमारा जीवन उपयोगी होगा ।

4

अच्छाइयों को याद रखें

बहुत समय पहले की बात है , दो दोस्त बीहड़ इलाकों से होकर शहर जा रहे थे। गर्मी बहुत अधिक होने के कारण वो बीच -बीच में रुकते और आराम करते, उन्होंने अपने साथ खाने-पीने की भी कुछ चीजें रखी हुई थीं । जब दोपहर में उन्हें भूख लगी तो दोनों ने एक जगह बैठकर खाने का विचार किया ।

खाना खाते – खाते दोनों में किसी बात को लेकर बहस छिड़ गयी ..और धीरे -धीरे बात इतनी बढ़ गयी कि एक दोस्त ने दूसरे को थप्पड़ मार दिया .पर थप्पड़खाने के बाद भी दूसरा दोस्त चुप रहा और कोई विरोध नहीं किया ....

बस उसने पेड़ की एक टहनी उठाई और उससे मिटटी पर लिख दिया " आज मेरे सबसे अच्छे दोस्त ने मुझे थप्पड़ मारा "

थोड़ी देर बाद उन्होंने पुनः यात्रा शुरू की , मन मुटाव होने के कारण वो बिना एक -दूसरे से बात किये आगे बढ़ते जा रहे थे कि तभी थप्पड़ खाए दोस्त के चीखने की आवाज़ आई , वह गलती से दलदल में फँस गया था ...दूसरे दोस्त ने तेजी दिखाते हुए उसकी मदद की और उसे दलदल से निकाल दिया .

इस बार भी वह दोस्त कुछ नहीं बोला उसने बस एक नुकीला पत्थर उठाया और एक विशाल पेड़ के तने पर लिखने लगा " आज मेरे सबसे अच्छे दोस्त ने मेरी जान बचाई "

उसे ऐसा करते देख दूसरे मित्र से रहा नहीं गया और उसने पूछा , " जब मैंने तुम्हे पत्थर मारा तो तुमने मिटटी पर लिखा और जब मैंने तुम्हारी जान बचाई तो तुम पेड़ के तने पर कुरेद -कुरेद कर लिख रहे हो , ऐसा क्यों ?"

" जब कोई तकलीफ दे तो हमें उसे अन्दर तक नहीं बैठाना चाहिए ताकि क्षमा रुपी हवाएं इस मिटटी की तरह ही उस तकलीफ को हमारे मन से बहा ले जाएं , लेकिन जब कोई हमारे लिए कुछ अच्छा करे तो उसे इतनी गहराई से अपने मन में बसा लेने चाहिए कि वो कभी हमारे जेहन से मिट ना सके ." , उस दोस्त का जवाब आया.

5

पत्थर को चट्टान ना बनने दें

एक किसान था. उसके खेत में एक पत्थर का एक हिस्सा ज़मीन से ऊपर निकला हुआ था जिससे ठोकर खाकर वह कई बार गिर चुका था और कितनी ही बार उससे टकराकर खेती के औजार भी टूट चुके थे।

रोजाना की तरह आज भी वह सुबह-सुबह खेती करने पहुंचा और इस बार वही हुआ, किसान का हल पत्थर से टकराकर टूट गया. किसान क्रोधित हो उठा, और उसने निश्चय किया कि आज जो भी हो जाए वह इस चट्टान को ज़मीन से निकाल कर इस खेत के बाहर फ़ेंक देगा।

वह तुरंत गाँव से अपने जानने वाले कुछ लोगों को बुला लाया और सभी को लेकर वह उस पत्थर के पास पहुंचा और उनसे बोला, " यह देखो ज़मीन से निकली चट्टान के इस हिस्से ने मेरा बहुत नुक्सान किया है, और आज हम सभी को मिलकर इसे आज उखाड़कर खेत के बाहर फ़ेंक देना है." और ऐसा कहते ही वह फावड़े से पत्थर के किनार वार करने लगा, पर यह क्या ! अभी उसने एक-दो बार ही मारा था कि पूरा-का पूरा पत्थर ज़मीन से बाहर निकल आया. साथ खड़े लोग भी अचरज में पड़ गए और उन्ही में से एक ने हँसते हुए पूछा , "क्यों भाई , तुम तो कहते थे कि तुम्हारे खेत के बीच में एक बड़ी सी चट्टान दबी हुई है , पर ये तो केवल एक मामूली सा पत्थर निकला ??"

किसान भी आश्चर्य में पड़ गया सालों से जिसे वह एक भारी-भरकम चट्टान समझ रहा था दरअसल वह बस एक छोटा सा पत्थर था ! उसे पछतावा हुआ कि काश उसने पहले ही इसे निकालने का प्रयास किया होता तो ना उसे इतना नुकसान उठाना पड़ता और ना ही दोस्तों के सामने उसका मज़ाक बनता ।

हम भी कई बार ज़िन्दगी में आने वाली छोटी-छोटी बाधाओं को बहुत बड़ा समझ लेते हैं और उनसे निपटने की बजाय तकलीफ उठाते रहते हैं. बस ज़रुरत इस बात की है कि हम बिना समय गंवाएं उन मुसीबतों से लड़ें , और जब हम ऐसा करेंगे तो कुछ ही समय

में चट्टान सी दिखने वाली समस्या एक छोटे से पत्थर के समान दिखने लगेगी जिसे हम आसानी से हल पाकर आगे बढ़ सकते हैं।

6

मैं ना होता तो ?

एक बार हनुमानजी ने प्रभु श्रीराम से कहा कि अशोक वाटिका में जिस समय रावण क्रोध में भरकर तलवार लेकर सीता माँ को मारने के लिए दौड़ा, तब मुझे लगा कि इसकी तलवार छीन कर इसका सिर काट लेना चाहिये, किन्तु अगले ही क्षण मैंने देखा कि मंदोदरी ने रावण का हाथ पकड़ लिया, यह देखकर मैं गदगद हो गया ! यदि मैं कूद पड़ता तो मुझे भ्रम हो जाता कि यदि मै न होता तो क्या होता ?

बहुधा हमको ऐसा ही भ्रम हो जाता है, मुझे भी लगता कि यदि मै न होता तो सीताजी को कौन बचाता ? परन्तु आज आपने उन्हें बचाया ही नहीं बल्कि बचाने का काम रावण की पत्नी को ही सौंप दिया। तब मै समझ गया कि आप जिससे जो कार्य लेना चाहते हैं, वह उसी से लेते हैं, किसी का कोई महत्व नहीं है !

आगे चलकर जब त्रिजटा ने कहा कि लंका में बंदर आया हुआ है और वह लंका जलायेगा तो मै बड़ी चिंता मे पड़ गया कि प्रभु ने तो लंका जलाने के लिए कहा ही नही है और त्रिजटा कह रही है तो मै क्या करं ?

पर जब रावण के सैनिक तलवार लेकर मुझे मारने के लिये दौड़े तो मैंने अपने को बचाने की तनिक भी चेष्टा नहीं की, और जब विभीषण ने आकर कहा कि दूत को मारना अनीति है, तो मै समझ गया कि मुझे बचाने के लिये प्रभु ने यह उपाय कर दिया !

आश्चर्य की पराकाष्ठा तो तब हुई, जब रावण ने कहा कि बंदर को मारा नही जायेगा पर पूंछ मे कपड़ा लपेट कर घी डालकर आग लगाई जाये तो मै गदगद् हो गया कि उस लंका वाली संत त्रिजटा की ही बात सच थी, वरना लंका को जलाने के लिए मै कहां से घी, तेल, कपड़ा लाता और कहां आग ढूंढता, पर वह प्रबन्ध भी आपने रावण से करा दिया, जब आप रावण से भी अपना काम करा लेते हैं तो मुझसे करा लेने में आश्चर्य की क्या बात है !

इसलिये हमेशा याद रखें कि संसार में जो कुछ भी हो रहा है वह सब ईश्वरीय विधान है, हम और आप तो केवल निमित्त मात्र हैं, इसीलिये कभी भी ये भ्रम न पालें कि...

" मै ना होता तो क्या होता "

7

अहंकार की घंटी

एक बार की बात हैं कि एक गांव में एक जुलाहा रहता था। वह बहुत गरीब था। उसकी शादी बचपन में ही हो गई ती। बीवी आने के बाद घर का खर्चा बढ़ना था। यही चिन्ता उसे खाए जाती। फिर गांव में अकाल भी पड़ा। लोग कंगाल हो गए। जुलाहे की आय एकदम खत्म हो गई। उसके पास शहर जाने के सिवा और कोई चारा न रहा।

शहर में उसने कुछ महीने छोटे-मोटे काम किए। थोड़ा-सा पैसा अंटी में आ गया और गांव से खबर आने पर कि अकाल समाप्त हो गया हैं, वह गांव की ओर चल पड़ा। रास्ते में उसे एक जगह सड़क किनारे एक ऊंटनी नजर आई। ऊंटनी बीमार नजर आ रही थी और वह गर्भवती थी। उसे ऊंटनी पर दया आ गई। वह उसे अपने साथ अपने घर ले आया।

घर में ऊंटनी को ठीक चारा व घास मिलने लगी तो वह पूरी तरह स्वस्थ हो गई और समय आने पर उसने एक स्वस्थ ऊंट अच्चे को जन्म दिया। ऊंट बच्चा उसके लिए बहुत भाग्यशाली साबित हुआ। कुछ दिनों बाद ही एक कलाकार गांव के जीवन पर चित्र बनाने उसी गांव में आया। पेंटिंग के ब्रुश बनाने के लिए वह जुलाहे के घर आकर ऊंट के बच्चे की दुम के बाल ले जाता। लगभग दो सप्ताह गांव में रहने के बाद चित्र बनाकर कलाकार चला गया।

इधर ऊंटनी खूब दूध देने लगी तो जुलाहा उसे बेचने लगा। एक दिन वहा कलाकार गांव लौटा और जुलाहे को काफी सारे पैसे दे गया, क्योंकि कलाकार ने उन चित्रों से बहुत पुरस्कार जीते थे और उसके चित्र अच्छी कीमतों में बिके थे। जुलाहा उस ऊंट बच्चे को अपना भाग्य का सितारा मानने लगा। कलाकार से मिली राशी के कुछ पैसों से उसने ऊंट के गले के लिए सुंदर-सी घंटी खरीदी और पहना दी। इस प्रकार जुलाहे के दिन फिर गए। वह अपनी दुल्हन को भी एक दिन गौना करके ले आया।

ऊंटों के जीवन में आने से जुलाहे के जीवन में जो सुख आया, उससे जुलाहे के दिल में इच्छा हुई कि जुलाहे का धंधा छोड़ क्यों न वह ऊंटों का व्यापारी ही बन जाए। उसकी पत्नी भी उससे पूरी तरह सहमत हुई। अब तक वह भी गर्भवती हो गई थी और अपने सुख के लिए

ऊंटनी व ऊंट बच्चे की आभारी थी।

जुलाहे ने कुछ ऊंट खरीद लिए। उसका ऊंटों का व्यापार चल निकला।अब उस जुलाहे के पास ऊंटों की एक बड़ी टोली हर समय रहती। उन्हें चरने के लिए दिन को छोड़ दिया जाता। ऊंट बच्चा जो अब जवान हो चुका था उनके साथ घंटी बजाता जाटा।

एक दिन घंटीधारी की तरह ही के एक युवा ऊंट ने उससे कहा "भैया! तुम हमसे दूर-दूर क्यों रहते हो?"

घंटीधारी गर्व से बोला "वाह तुम एक साधारण ऊंट हो। मैं घंटीधारी मालिक का दुलारा हूं। मैं अपने से ओछे ऊंटों में शामिल होकर अपना मान नहीं खोना चाहता।"

उसी क्षेत्र में वन में एक शेर रहता था। शेर एक ऊंचे पत्थर पर चढकर ऊंटों को देखता रहता था। उसे एक ऊंट और ऊंटों से अलग-थलग रहता नजर आया। जब शेर किसी जानवर के झुंड पर आक्रमण करता हैं तो किसी अलग-थलग पडे को ही चुनता हैं। घंटीधारी की आवाज के कारण यह काम भी सरल हो गया था। बिना आंखों देखे वह घंटी की आवाज पर घात लगा सकता था।

दूसरे दिन जब ऊंटों का दल चरकर लौट रहा था तब घंटीधारी बाकी ऊंटों से बीस कदम पीछे चल रहा था। शेर तो घात लगाए बैठा ही था। घंटी की आवाज को निशाना बनाकर वह दौड़ा और उसे मारकर जंगल में खींच ले गया। ऐसे घंटीधारी के अहंकार ने उसके जीवन की घंटी बजा दी।

8

मैं हूं ना

एक व्यक्ति का दिन बहुत खराब गया. उसने रात को ईश्वर से प्रार्थना की.

व्यक्ति ने कहा,

'भगवान, यदि आप गुस्सा न करो तो एक प्रश्न पूछूँ ?

भगवान ने कहा,

'पूछ, जो पूछना हो पूछ;....?

व्यक्ति ने कहा,

'भगवान, आपने आज मेरा पूरा दिन एकदम खराब क्यों किया ?

भगवान हँसे ......

पूछा, पर हुआ क्या ?

व्यक्ति ने कहा,

'सुबह अलार्म नहीं बजा, मुझे उठने में देरी हो गई......'

भगवान ने कहा, अच्छा फिर.....'

व्यक्ति ने कहा,

देर हो रही थी,उस पर स्कूटर बिगड़ गया. मुश्किल से रिक्शा मिली .'

भगवान ने कहा, अच्छा फिर......!'

व्यक्ति ने कहा,

घर से टिफ़िन नहीं ले गया था और ऑफिस मे कैन्टीन बंद थी....एक सेन्डविच पर दिन निकाला, वो भी खराब था , उसमे बासी बदबू आ रही थी ;

भगवान केवल हँसे.......

व्यक्ति ने आगे बात चलाई , 'मेरे मोबाइल पर एक कॉल आया जहां से मुझे पैसे मिलने थे लेकिन फ़ोन बीच मे ही बंद हो गया ;

भगवान ने पूछा.....' अच्छा फिर....'

व्यक्ति ने कहा,

विचार किया कि जल्दी घर जाकर AC चलाकर सो जाऊं , पर घर पहुँचा तो लाईट गई हुई थी .

भगवान.... सब तकलीफें मुझे ही. ऐसा क्यों किया मेरे साथ ?

भगवान ने कहा,

' देख , मेरी बात ध्यान से सुन .

आज तुझपर कोई आफ़त थी.

मेरे देवदूत को भेजकर मैंने रुकवाई . अलार्म बजे ही नहीं ऐसा किया . स्कूटर से एक्सीडेंट होने का डर था इसलिए स्कूटर बिगाड़ दिया, कैन्टीन में खाने से फ़ूड पोइज़न हो जाता इसलिए कैंटीन बंद करवा दी, फ़ोन पर बड़ी काम की बात करने वाला आदमी तुझे बड़े घोटाले में फँसा देता . इसलिए फ़ोन बंद कर दिया .

तेरे घर में आज शार्ट सर्किट से आग लगती, तू सोया रहता और तुझे ख़बर ही नहीं पड़ती . इसलिए लाईट बंद कर दी !

मैं हूं ना .....,!

मैंने यह सब तुझे बचाने के लिए किया;

व्यक्ति ने कहा,

भगवान मुझसे भूल हो गई . मुझे माफ किजीए . आज के बाद उलाहना नहीं दूंगा ;

भगवान ने कहा,

माफी माँगने की ज़रूरत नहीं , परंतु विश्वास रखना कि मैं हूं ना ....,

मैं जो करूँगा , जो योजना बनाऊँगा वो तेरे अच्छे के लिए ही ।

जीवन में जो कुछ अच्छा - खराब होता है ; उसकी सही असर लम्बे वक़्त के बाद समझ में आती है.

मेरे कोई भी कार्य पर शंका न कर , श्रद्धा रख .

जीवन का भार अपने ऊपर लेकर घूमने के बदले मेरे कंधों पर रख दे .

मैं हूं ना ......!

9

जादुई चिराग

एक सिद्ध महात्मा से मिलने पहुंचे एक गरीब दम्पति ने देखा कूड़े के ढेर पर सोने का चिराग पड़ा हुआ था ।

दंपति ने महात्मा से पूछा तो महात्मा ने बताया कि ये तीन इच्छायें पूरी करने वाला बेकार चिराग है... बहुत खतरनाक भी... जो इसको उठाकर ले जाता है वापस यहीं कूड़े में फेंक जाता है ।

गरीब दम्पति ने जाते समय वो चिराग उठा लिया और घर पहुंचकर उससे तीन वरदान मांगने बैठ गये ।

दम्पति गरीब थे और उन्होंने सबसे पहले दस लाख रूपये मांगकर चिराग को टेस्ट करने की सोची ।

जैसे ही उन्होंने रूपये मांगे तभी दरवाजे पर दस्तक हुई... जाकर खोला तो एक आदमी रुपयों से भरा बैग और एक लिफाफा थमा गया ।

लिफाफे में एक पत्र था जिसमे लिखा हुआ था कि मेरी कार से टकराकर आपके पुत्र की मृत्यु हो गयी जिसके पश्चाताप स्वरूप ये दस लाख रूपये भेज रहा हूँ मुझे माफ़ करियेगा ।

अब दम्पति को काटो तो खून नही.. पत्नी दहाड़े मार कर रोने लगी । तभी पति को ख्याल आया और उसने चिराग से दूसरी इच्छा बोल दी कि उसका बेटा वापस आ जाये ।

थोड़ी देर बाद दरवाजे पर दस्तक हुयी और पूरे घर में अजीब सी आवाजें आने लगीं घर के बल्ब तेजी से जलने बुझने लगे उसका बेटा प्रेत बनकर वापस आ गया था ।

दम्पति ने प्रेतरूप देखा तो बुरी तरह डर गये , और हड़बड़ी में चिराग से तीसरी इच्छा के रूप में प्रेत रूपी पुत्र की मुक्ति मांग

कर दी ।

बेटे की मुक्ति के बाद रातों रात वो आश्रम पहुंचे चिराग को कूड़े के ढेर पर फेंक कर दुखी मन से वापस लौट आये ।

हम सभी अपनी जिंदगी में उस दम्पति की तरह हैं... हमारी इच्छायें बेहिसाब हैं...

जब एक इच्छा पूरी होती है तो दूसरी सताने लगती है और जब दूसरी पूरी हो जाये तो तीसरी ।

इसलिए ईश्वर ने हमें जो भी दिया है उसमे संतुष्ट रहना चाहियें।

10
भावना

सेठ पुरूषोत्तमदास शहर के प्रसिद्ध उद्योगपति थे। जिन्होंने कड़ी मेहनत एवं परिश्रम से अपने उद्योग का निर्माण किया था। उनका एकमात्र पुत्र राकेश अमेरिका से पढ़कर वापिस आ गया था और उसके पिताजी ने सारी जवाबदारी उसे सौंप दी थी। राजेश होशियार एवं परिश्रमी था, परंतु चाटुरिकता को नहीं समझ पाता था। वह सहज ही सब पर विश्वास कर लेता था।

उसने उद्योग के संचालन में परिवर्तन लाने हेतु उस क्षेत्र के पढ़े लिखे डिग्रीधारियों की नियुक्ति की, उसके इस बदलाव से पुराने अनुभवी अधिकारीगण अपने को उपेक्षित महसूस करने लगे। नये अधिकारियों ने कारखाने में नये उत्पादन की योजना बनाई एवं राकेश को इससे होने वाले भारी मुनाफे को बताकर सहमति ले ली। इस नये उत्पादन में पुराने अनुभवी अधिकारियों को नजरअंदाज किया गया।

इस उत्पादन के संबंध में पुराने अधिकारियों ने राकेश को आगाह किया था कि इन मशीनों से उच्च गुणवत्ता वाले माल का उत्पादन करना संभव नहीं है। नये अधिकारियों ने अपनी लुभावनी एवं चापलूसी पूर्ण बातों से राकेश को अपनी बात का विश्वास दिला दिया। कंपनी की पुरानी साख के कारण बिना सेम्पल देखे ही करोंड़ो का आर्डर बाजार से प्राप्त हो गया। यह देख कर राकेश एवं नये अधिकारीगण संभावित मुनाफे को सोचकर फूले नहीं समा रहे थे।

जब कारखाने में इसका उत्पादन किया गया तो माल उस गुणवत्ता का नहीं बना जो बाजार में जा सके। सारे प्रयासों के बावजूद भी माल वैसा नहीं बन पा रहा था जैसी उम्मीद थी और नये अधिकारियों ने भी अपने हाथ खड़े कर दिये थे। उनमें से कुछ ने तो यह परिणाम देखकर नौकरी छोड़ दी। राकेश अत्यंत दुविधापूर्ण स्थिति में था। यदि अपेक्षित माल नहीं बनाया गया तो कंपनी की साख पर कलंक लग जाएगा। अब उसे नये अधिकारियों की चापलूसी भरी बातें कचोट रही थी।

राकेश ने इस कठिन परिस्थिति में भी धैर्य बनाए रखा तथा अपने पुराने अधिकारियों की उपेक्षा के लिए माफी माँगते हुए, अब क्या किया जाए इस पर विचार किया। सभी अधिकारियों ने एकमत से कहा कि कंपनी की साख को बचाना हमारा पहला कर्तव्य है अतः इस माल के निर्माण एवं समय पर भेजने हेतु हमें उच्च स्तरीय मशीनरी की आवश्यकता है, अगर यह ऊँचे दामों पर भी मिले तो भी हमें तुरंत उसे खरीदना चाहिये। राकेश की सहमति के उपरांत विदेशों से सारी मशीनरी आयात की गई एवं दिनरात एक करके अधिकारियों एवं श्रमिकों ने माल उत्पादन करके नियत समय पर बाजार में पहुँचा दिया।

इस सारी कवायद से कंपनी को मुनाफा तो नहीं हुआ परंतु उसकी साख बच गई जो कि किसी भी उद्योग के लिये सबसे महत्वपूर्ण बात होती है। राकेश को भी यह बात समझ आ गई कि अनुभव बहुत बड़ा गुण है एवं चापलूसी की बातों में आकर अपने विवेक का उपयोग न करना बहुत बड़ा अवगुण है और हमें अपने पुराने अनुभवी व्यक्तियों को कभी भी नजर अंदाज नहीं करना चाहिये क्योंकि व्यवसाय का उद्देश्य केवल लाभ कमाना नहीं होता यदि व्यवसाय को भावना से जोड़ दिया जाये तो इसका प्रभाव और गहरा होता है।

11

सच्चा सुकून

हरिद्वार मे हर की पौड़ी जाते समय कटहरा बाज़ार मे बहुत मशहूर समोसे व पकौड़ों की दुकान है जिसके ब्रेड पकौड़े और समोसे बडे मशहूर थे ...

मैं पहले भी उस दुकान की तारीफें सुन चुका था मगर कल जब एक खास दोस्त ने कहा- भाई !....क्या स्वादिष्ट थे समोसे ... और इतने बढिया मुलायम ब्रेड पकौड़े ...वाह मजा ही आ गया ..... सो आज मैंने भी वहां जाकर उन लजीज समोसों और ब्रेड पकौडों का मजा लेने की सोची.....

एक दिन काम से बाहर गया तो रात के 8 बज गए सोचा आज उसी दुकान पर पहले कुछ खाया जाए फिर घर जाऊंगा ...मगर जैसे ही दुकान के बाहर गाडी खडी करके अंदर जाने को हुआ तो एक नन्हे से हाथों के स्पर्श ने मेरा ध्यान खींचा देखा तो एक छोटी सी बच्ची रही होगी यही कोई 8 से 10 साल के बीच की उसने मुझे रोककर कहा-अंकल ...क्या आप भी यहां समोसा और पकौड़ा खाने आए हैं ...मैंने कहा-हां.... मगर तुम ऐसा क्यों पूछ रही हो ...

क्या यहां अच्छे नहीं मिलते ....?

वो बडी मासूमियत से बोली-मिलते हैं ना बहुत अच्छे मिलते हैं पर आप मत जाओ उन्हें खाने...

मैं उसकी बातें सुनकर कुछ हैरान हुआ फिर मैंने उससे इसकी वजह पूछी तो वो बोली- अंकलजी ... ये दुकान वाले भैया ना....मुझे और मेरे छोटे भाई को हर रात बचे हुए समोसा पकौड़ा दे देते हैं उससे हमारा पूरे दिन का खाली पेट भर जाता है आज भी बहुत कम पकौडे बचे हैं .... कल तो सब खत्म हो गए थे इसीलिए हमें मिले ही नहीं ...मैं तो भूखे रह लेती हूं मगर मेरा छोटू ... वो रोता है .. कहकर रो पडी ....

मैंने उसे चुप कराया और कहा.... पर मैं तो जरूर समोसे और पकौड़े लूंगा... और अंदर जाने लगा... ये देखकर वो कुछ परेशान हो गई....

कुछ देर में जब मैं बाहर आया तो दुकानदार भी मेरे साथ था मैने वहां से जो समोसे और पकौड़े लिए थे वो उन दोनों बहन भाई को पकडा दिए और कहा- अबसे तुम्हें रात का इंतजार

करने की जरुरत नहीं मैंने आपके इस दुकान वाले भैया से बात कर ली है अबसे ये तुम्हें समय पर रोज तुम्हारे समोसे और पकोड़े दे दिया करेंगे ..कहकर मैं भीगी आँखें लिए बाहर आ गया ...

मेरे दोस्तों मैंने वो ब्रेड पकौड़े और समोसे तो नहीं खाए मगर उनका स्वाद सचमुच मेरे मन में था .... क्योंकि मैंने दुकानदार से हर महीने कुछ रुपये देने का वादा किया था जिसके बदले वो बिना कुछ बताए उन दोनों बहन भाई को रोज उनके मनपसंद स्वादिष्ट समोसे और पकौड़े दे दिया करेगा....दोस्तों.... मेरे बड़े भाई साहब श्री पवन पाराशर ने मुझे सिखाया है जिंदगी मे हमे कुछ काम ऐसे करने चाहिए जिसे करने से हमारे मन को सच्चा सुकून मिले....... सचमुच मुझे तो मिला .....*

भगवान ने हमें एक दूसरे का पूरक इसलिए ही बनाया है यदि आप सामर्थ्य है तो दूसरे की मदद जरूर कीजिए यकीन मानिए आपको भी जरूर मिलेगा......... सच्चा सुकून...

12

वे सब जानते हैं

एक पुरानी सी इमारत में था वैध जी का मकान था। पिछले हिस्से में रहते थे और अगले हिस्से में दवाख़ाना खोल रखा था। उनकी पत्नी की आदत थी कि दवाख़ाना खोलने से पहले उस दिन के लिए आवश्यक सामान एक चिठ्ठी में लिख कर दे देती थी।वैध जी गद्दी पर बैठकर पहले भगवान का नाम लेते फिर वह चिठ्ठी खोलते। पत्नी ने जो बातें लिखी होतीं, उनके भाव देखते , फिर उनका हिसाब करते।

फिर परमात्मा से प्रार्थना करते कि हे भगवान ! मैं केवल तेरे ही आदेश के अनुसार तेरी भक्ति छोड़कर यहाँ दुनियादारी के चक्कर में आ बैठा हूँ। वैध जी कभी अपने मुँह से किसी रोगी से फ़ीस नहीं माँगते थे।

कोई देता था, कोई नहीं देता था किन्तु एक बात निश्चित थी कि ज्यों ही उस दिन के आवश्यक सामान ख़रीदने योग्य पैसे पूरे हो जाते थे, उसके बाद वह किसी से भी दवा के पैसे नहीं लेते थे चाहे रोगी कितना ही धनवान क्यों न हो।

एक दिन वैध जी ने दवाख़ाना खोला। गद्दी पर बैठकर परमात्मा का स्मरण करके पैसे का हिसाब लगाने के लिए आवश्यक सामान वाली चिठ्ठी खोली तो वह चिठ्ठी को एकटक देखते ही रह गए। एक बार तो उनका मन भटक गया। उन्हें अपनी आँखों के सामने तारे चमकते हुए नज़र आए किन्तु शीघ्र ही उन्होंने अपनी तंत्रिकाओं पर नियंत्रण पा लिया।

आटे-दाल-चावल आदि के बाद पत्नी ने लिखा था, *"बेटी का विवाह 20 तारीख़ को है, उसके दहेज का सामान।"* कुछ देर सोचते रहे फिर बाकी चीजों की क़ीमत लिखने के बाद दहेज के सामने लिखा, " यह काम परमात्मा का है, परमात्मा जाने।"

एक-दो रोगी आए थे। उन्हें वैध जी दवाई दे रहे थे। इसी दौरान एक बड़ी सी कार उनके दवाखाने के सामने आकर रुकी। वैध जी ने कोई खास तवज्जो नहीं दी क्योंकि कई कारों वाले उनके पास आते रहते थे। दोनों मरीज दवाई लेकर चले गए। वह सूटेड-बूटेड साहब कार से बाहर निकले और नमस्ते करके बेंच पर बैठ गए। वैध जी ने कहा कि अगर आपको अपने लिए दवा लेनी है तो इधर स्टूल पर आएँ ताकि आपकी नाड़ी देख लूँ और अगर किसी रोगी

की दवाई लेकर जाना है तो बीमारी की स्थिति का वर्णन करें।

वह साहब कहने लगे "वैध जी! आपने मुझे पहचाना नहीं। मेरा नाम कृष्णलाल है लेकिन आप मुझे पहचान भी कैसे सकते हैं? क्योंकि मैं 15-16 साल बाद आपके दवाखाने पर आया हूँ।

आप को पिछली मुलाकात का हाल सुनाता हूँ, फिर आपको सारी बात याद आ जाएगी। जब मैं पहली बार यहाँ आया था तो मैं खुद नहीं आया था अपितु ईश्वर मुझे आप के पास ले आया था क्योंकि ईश्वर ने मुझ पर कृपा की थी और वह मेरा घर आबाद करना चाहता था। हुआ इस तरह था कि मैं कार से अपने पैतृक घर जा रहा था।

बिल्कुल आपके दवाखाने के सामने हमारी कार पंक्चर हो गई। ड्राईवर कार का पहिया उतार कर पंक्चर लगवाने चला गया। आपने देखा कि गर्मी में मैं कार के पास खड़ा था तो आप मेरे पास आए और दवाखाने की ओर इशारा किया और कहा कि इधर आकर कुर्सी पर बैठ जाएँ। अंधा क्या चाहे दो आँखें और कुर्सी पर आकर बैठ गया। ड्राइवर ने कुछ ज्यादा ही देर लगा दी थी।

एक छोटी-सी बच्ची भी यहाँ आपकी मेज़ के पास खड़ी थी और बार-बार कह रही थी, ''चलो न बाबा, मुझे भूख लगी है। आप उससे कह रहे थे कि बेटी थोड़ा धीरज धरो, चलते हैं। मैं यह सोच कर कि इतनी देर से आप के पास बैठा था और मेरे ही कारण आप खाना खाने भी नहीं जा रहे थे।

मुझे कोई दवाई खरीद लेनी चाहिए ताकि आप मेरे बैठने का भार महसूस न करें। मैंने कहा वैध जी मैं पिछले 5-6 साल से इंग्लैंड में रहकर कारोबार कर रहा हूँ। इंग्लैंड जाने से पहले मेरी शादी हो गई थी लेकिन अब तक बच्चे के सुख से वंचित हूँ। यहाँ भी इलाज कराया और वहाँ इंग्लैंड में भी लेकिन किस्मत ने निराशा के सिवा और कुछ नहीं दिया।"

आपने कहा था, "मेरे भाई! भगवान से निराश नहीं होना चाहिए । याद रखो कि उसके कोष में किसी चीज़ की कोई कमी नहीं है। आस-औलाद, धन-इज्जत, सुख-दुःख, जीवन-मृत्यु सब कुछ उसी के हाथ में है। यह किसी वैध या डॉक्टर के हाथ में नहीं होता और न ही किसी दवा में होता है। जो कुछ होना होता है वह सब भगवान के आदेश से होता है। औलाद देनी है तो उसी ने देनी है।

मुझे याद है आप बातें करते जा रहे थे और साथ-साथ पुड़िया भी बनाते जा रहे थे। सभी दवा आपने दो भागों में विभाजित कर दो अलग-अलग लिफ़ाफ़ों में डाली थीं और फिर मुझसे पूछकर आप ने एक लिफ़ाफ़े पर मेरा और दूसरे पर मेरी पत्नी का नाम लिखकर दवा उपयोग करने का तरीका बताया था।

मैंने तब बेदिली से वह दवाई ले ली थी क्योंकि मैं सिर्फ कुछ पैसे आप को देना चाहता था। लेकिन जब दवा लेने के बाद मैंने पैसे पूछे तो आपने कहा था, बस ठीक है। मैंने जोर डाला, तो आपने कहा कि आज का खाता बंद हो गया है। मैंने कहा मुझे आपकी बात समझ नहीं आई। इसी दौरान वहां एक और आदमी आया उसने हमारी चर्चा सुनकर मुझे बताया कि खाता बंद

होने का मतलब यह है कि आज के घरेलू खर्च के लिए जितनी राशि वैध जी ने भगवान से माँगी थी वह ईश्वर ने उन्हें दे दी है। अधिक पैसे वे नहीं ले सकते।

मैं कुछ हैरान हुआ और कुछ दिल में लज्जित भी कि मेरे विचार कितने निम्न थे और यह सरलचित वैध कितना महान है। मैंने जब घर जा कर पत्नी को औषधि दिखाई और सारी बात बताई तो उसके मुँह से निकला वो इंसान नहीं कोई देवता है और उसकी दी हुई दवा ही हमारे मन की मुराद पूरी करने का कारण बनेगी।

आज मेरे घर में दो फूल खिले हुए हैं। हम दोनों पति-पत्नी हर समय आपके लिए प्रार्थना करते रहते हैं। इतने साल तक कारोबार ने फुरसत ही न दी कि स्वयं आकर आपसे धन्यवाद के दो शब्द ही कह जाता। इतने बरसों बाद आज भारत आया हूँ और कार केवल यहीं रोकी है।

वैध जी हमारा सारा परिवार इंग्लैंड में बस चुका है, केवल मेरी एक विधवा बहन अपनी बेटी के साथ भारत में रहती है। हमारी भान्जी की शादी इस महीने की 21 तारीख को होनी है। न जाने क्यों जब-जब मैं अपनी भान्जी के भात के लिए कोई सामान खरीदता था तो मेरी आँखों के सामने आपकी वह छोटी-सी बेटी भी आ जाती थी और हर सामान मैं दोहरा खरीद लेता था।

मैं आपके विचारों को जानता था कि संभवतः आप वह सामान न लें किन्तु मुझे लगता था कि मेरी अपनी सगी भान्जी के साथ जो चेहरा मुझे बार-बार दिख रहा है वह भी मेरी भान्जी ही है। मुझे लगता था कि ईश्वर ने इस भान्जी के विवाह में भी मुझे भात भरने की ज़िम्मेदारी दी है।

वैध जी की आँखें आश्चर्य से खुली की खुली रह गईं और बहुत धीमी आवाज़ में बोले, " कृष्णलाल जी, आप जो कुछ कह रहे हैं मुझे समझ नहीं आ रहा कि ईश्वर की यह क्या माया है ?

आप मेरी श्रीमती के हाथ की लिखी हुई यह चिट्ठी देखिये।" औरवैध जी ने चिट्ठी खोलकर कृष्णलाल जी को पकड़ा दी। वहाँ उपस्थित सभी यह देखकर हैरान रह गए कि ''दहेज का सामान'' के सामने लिखा हुआ था '' यह काम परमात्मा का है, परमात्मा जाने।''

काँपती-सी आवाज़ में वैध जी बोले, "कृष्णलाल जी, विश्वास कीजिये कि आज तक कभी ऐसा नहीं हुआ कि पत्नी ने चिट्ठी पर आवश्यकता लिखी हो और भगवान ने उसी दिन उसकी व्यवस्था न कर दी हो।

आपकी बातें सुनकर तो लगता है कि भगवान को पता होता है कि किस दिन मेरी श्रीमती क्या लिखने वाली हैं अन्यथा आपसे इतने दिन पहले ही सामान ख़रीदना आरम्भ न करवा दिया होता परमात्मा ने। वाह भगवान वाह! तू महान है तू दयावान है। मैं हैरान हूँ कि वह कैसे अपने रंग दिखाता है।"

वैध जी ने आगे कहा, कि जब से होश सँभाला है, एक ही पाठ पढ़ा है कि सुबह परमात्मा का आभार करो, शाम को अच्छा दिन गुज़रने का आभार करो, खाते समय उसका आभार

करो, सोते समय उसका आभार करो।

करो, सोते समय उसका आभार करो।

13

तकलीफ में साथ

एक सज्जन रेलवे स्टेशन पर बैठे गाड़ी की प्रतीक्षा कर रहे थे तभी जूते पॉलिश करने वाला एक लड़का आकर बोला - ''साहब! बूट पॉलिश?''

उसकी दयनीय सूरत देखकर उन्होंने अपने जूते आगे बढ़ा दिये, बोले - ''लो, पर ठीक से चमकाना।''

लड़के ने काम तो शुरू किया परंतु अन्य पॉलिशवालों की तरह उसमें स्फूर्ति नहीं थी।

वे बोले - ''कैसे ढीले-ढीले काम करते हो? जल्दी-जल्दी हाथ चलाओ !''

वह लड़का मौन रहा।

इतने में दूसरा लड़का आया। उसने इस लड़के को तुरंत अलग कर दिया और स्वयं फटाफट काम में जुट गया। पहले वाला गूँगे की तरह एक ओर खड़ा रहा। दूसरे ने जूते चमका दिये।

'पैसे किसे देने हैं?' इस पर विचार करते हुए उन्होंने जेब में हाथ डाला। उन्हें लगा कि 'अब इन दोनों में पैसों के लिए झगड़ा या मारपीट होगी।' फिर उन्होंने सोचा, 'जिसने काम किया, उसे ही दाम मिलना चाहिए।' इसलिए उन्होंने बाद में आनेवाले लड़के को पैसे दे दिये।

उसने पैसे ले तो लिये परंतु पहले वाले लड़के की हथेली पर रख दिये। प्रेम से उसकी पीठ थपथपायी और चल दिया।

वह आदमी विस्मित नेत्रों से देखता रहा। उसने लड़के को तुरंत वापस बुलाया और पूछा - ''यह क्या चक्कर है?''

लड़का बोला - ''साहब! यह तीन महीने पहले चलती ट्रेन से गिर गया था। हाथ-पैर में बहुत चोटें आयी थीं। ईश्वर की कृपा से बेचारा बच गया नहीं तो इसकी वृद्धा माँ और पाँच बहनों का क्या होता!''

फिर थोड़ा रुककर वह बोला - ''साहब! यहाँ जूते पॉलिश करनेवालों का हमारा यूथ है और उसमें एक देवता जैसे हम सबके प्यारे चाचाजी हैं जिन्हें सब 'सत्संगी चाचाजी' कहकर पुकारते हैं। वे सत्संग में जाते हैं और हमें भी सत्संग की बातें बताते रहते हैं।

उन्होंने सुझाव रखा कि 'साथियो! अब यह पहले की तरह स्फूर्ति से काम नहीं कर सकता तो क्या हुआ? ईश्वर ने हम सबको अपने साथी के प्रति सक्रिय हित, त्याग-भावना, स्नेह, सहानुभूति और एकत्व का भाव प्रकटाने का एक अवसर दिया है।

जैसे पीठ, पेट, चेहरा, हाथ, पैर भिन्न-भिन्न दिखते हुए भी हैं एक ही शरीर के अंग, ऐसे ही हम सभी शरीर से भिन्न-भिन्न दिखाई देते हुए भी हैं एक ही आत्मा! हम सब एक हैं।

स्टेशन पर रहने वाले हम सब साथियों ने मिलकर तय किया कि हम अपनी एक जोड़ी जूते पॉलिश करने की आय प्रतिदिन इसे दिया करेंगे और जरूरत पड़ने पर इसके काम में सहायता भी करेंगे।''

जूते पॉलिश करनेवालों के यूथ में आपसी प्रेम, सहयोग, एकता तथा मानवता की ऐसी ऊँचाई देखकर वे सज्जन चकित रह गये।

एक सत्संगी व्यक्ति के सम्पर्क में आने वालों का जीवन मानवीयता, सहयोग और सुहृदयता की बगिया से महक जाता है। सत्संगी अपने सम्पर्क में आने वाले लोगों को अपने जैसा बना देता है। हमें भी बुरी संगत वालों से नहीं बल्कि अच्छी संगत वालों से ही मित्रता करनी चाहिए।

अपने वो नहीं जो तस्वीर में साथ दिखें!

अपने तो वो हैं जो तकलीफ में साथ दिखें!!

14

दरिया का रास्ता

एक बार की बात है एक बहुत ही पुण्यात्मा व्यक्ति अपने परिवार सहित तीर्थ के लिए निकला। कई कोस दूर जाने के बाद पूरे परिवार को प्यास लगने लगी। ज्येष्ठ का महीना था आस-पास कहीं पानी नहीं दिखाई पड़ रहा था। उसके बच्चे प्यास से व्याकुल होने लगे, समझ नहीं आ रहा था कि वो क्या करे। अपने साथ लेकर चलने वाला पानी भी समाप्त हो चुका था।

एक समय ऐसा आया कि उसे भगवान से प्रार्थना करनी पड़ी कि हे प्रभु, अब आप ही कुछ करो। इतने में उसे कुछ दूरी पर एक साधु तप करता हुआ नजर आया, व्यक्ति ने उस साधु से जाकर अपनी समस्या बताई। साधु बोले कि यहाँ से एक कोस दूर उत्तर की दिशा में एक छोटी दरिया बहती है, जाओ जाकर वहाँ से पानी लेकर अपने परिवार की प्यास बुझा लो। साधु की बात सुनकर उसे बड़ी प्रसन्नता हुई और उसने साधु को धन्यवाद दिया। पत्नी एवं बच्चों की स्थिति नाजुक होने के कारण वहीं रुकने के लिये बोला और खुद पानी लेने चला गया।

जब वो दरिया से पानी लेकर लौट रहा था तो उसे रास्ते में पाँच व्यक्ति मिले जो अत्यंत प्यासे थे। पुण्य आत्मा को उन पाँचो व्यक्तियों की प्यास देखी नहीं गयी और अपना सारा पानी उन प्यासों को पिला दिया। जब वो दोबारा पानी लेकर आ रहा था तो पाँच अन्य व्यक्ति मिले जो उसी तरह प्यासे थे। पुण्य आत्मा ने फिर अपना सारा पानी उनको पिला दिया।*

यही घटना बार-बार हो रही थी, और काफी समय बीत जाने के बाद जब वो नहीं आया तो साधु उसकी तरफ चल पड़ा। बार-बार उसके इस पुण्य कार्य को देखकर साधु बोला- "हे पुण्य आत्मा, तुम बार-बार अपनी बाल्टीभरकर दरिया से लाते हो और किसी प्यासे के लिए खाली कर देते हो। इससे तुम्हें क्या लाभ मिला? पुण्य आत्मा ने बोला मुझे क्या मिला, या क्या नहीं मिला इसके बारे में मैंने कभी नहीं सोचा, पर मैंने अपना स्वार्थ छोड़कर अपना धर्म निभाया।साधु बोला- "ऐसे धर्म निभाने से क्या फायदा जब तुम्हारे अपने बच्चे और परिवार ही जीवित ना बचें? तुम अपना धर्म ऐसे भी निभा सकते थे जैसे मैंने निभाया। पुण्य आत्मा

ने पूछा- "कैसे महाराज ?

साधु बोला- "मैंने तुम्हे दरिया से पानी लाकर देने के बजाय दरिया का रास्ता ही बता दिया। तुम्हें भी उन सभी प्यासों को दरिया का रास्ता बता देना चाहिए था। ताकि तुम्हारी भी प्यास मिट जाये और अन्य प्यासे लोगों की भी। फिर किसी को अपनी बाल्टी खाली करने की जरुरत ही नहीं"। इतना कहकर साधु अंतध्यान हो गया।

पुण्य आत्मा को सब कुछ समझ आ गया कि अपना पुण्य खाली कर दूसरों को देने के बजाय, दूसरों को भी पुण्य अर्जित करने का रास्ता या विधि बतायें।

यही तत्व ज्ञान है-

अगर किसी के बारे में अच्छा सोचना है तो उसे उस परमात्मा से जोड़ दो ताकि उसे हमेशा के लिए लाभ मिलता रहे..

15

जो प्राप्त है वही पर्याप्त है

एक संत को अपना भव्य आश्रम बनाने के लिए धन की जरूरत पड़ी। वह अपने शिष्य को साथ लेकर धन जुटाने के लिए लोगों के पास गए। घूमते-घूमते वह एक गांव में अपनी शिष्या एक बुढ़िया की कुटिया में पहुंचे। कुटिया बहुत साधारण थी। वहां किसी तरह की सुविधा नहीं थी। फिर भी रात हो गई तो संत वहीं ठहर गए। बूढ़ी मां ने उनके लिए खाना बनाया।

खाने के बाद संत के सोने के लिए मां ने एक तख्त पर दरी बिछा दी और तकिया दे दिया। खुद वह जमीन पर एक टाट बिछाकर सो गईं। थोड़ी ही देर में वह गहरी नींद सो गईं लेकिन संत को नींद नहीं आ रही थी। वह दरी पर सोने के आदी नहीं थे। अपने आश्रम में सदा मोटे गद्दे पर सोते थे। संत सोचने लगे कि जमीन पर टाट बिछा कर सोने के बावजूद इस को गहरी नींद आ गई और मुझे तख्त पर दरी के बिछोने पर भी नींद क्यों नहीं आई।

मैं तो संत हूँ, सैंकड़ों का मार्गदर्शन करता हूँ और यह एक साधारण दरिद्र बुढ़िया। यह बात उन्हें देर तक मथती रही। सोचने लगे, एक दिन यहीं रुकता हूं, देखता हूं कि यह ऐसा कौन सा मंत्र जानती है कि ऐसी अवस्था में भी प्रसन्न है, चैन से सोती है।

सुबह जल्दी उठकर बूढ़ी मां ने अपने हाथ से कुटिया की सफाई की और चिड़ियों को दाना खिलाया। गाय को चारा दिया। फिर सूर्य को जल अर्पण किया, पौधों को सींचा। गुरु को प्रणाम किया और कुछ देर बैठ कर भगवान नाम का स्मरण। आंगन से तरकारी तोड़ कर भोजन पकाया।

गुरु को प्रथम भोजन करवा कर आप ग्रहण किया। दिन में आस पड़ोस की बच्चियों को बुला कर उन्हें हरि कथा सुनाई, हरि भजन का ज्ञान दिया। फिर संध्या पूजन, रात को पुन: सादे भोजन का प्रबंध। सोने की तैयारी। गुरु सोचने लगे आज फिर नींद नहीं आयेगी। पूछ ही लूं कि क्या रहस्य है।

संत ने पूछा, "मां, तुमने मेरे लिए अच्छा बिछोना बिछाया। फिर भी मुझे नींद नहीं आई जबकि तुम्हें जमीन पर गहरी नींद आ गई। क्या तुम्हें धरती की कठोरता नहीं सताती? क्या यह चिंता नहीं होती कि कैसे अपने लिये अच्छे भोजन का, नरम बिछौने का प्रबंध करूं?

इसका कारण क्या है?" वह बोलीं, "गुरुदेव जब मैं सोती हूं तो मुझे पता नहीं होता कि मेरी पीठ के नीचे गद्दा है या टाट।

उस समय मुझे आपके वचन अनुसार दिन भर किए गए सत्कर्मों का स्मरण करके ऐसा अद्भुत आनंद मिलता है कि मैं सुख-दुख सब भूल कर परम पिता की गोद में सो जाती हूं इसलिए मुझे गहरी नींद आती है।"

संत ने कहा, "मैं अपने सुख के लिए धन एकत्रित करने निकला था। यहां आकर मुझे मालूम हुआ कि सच्चा सुख भव्य आश्रम में नहीं बल्कि संतोष में है, दरिद्र की इस कुटिया में है।"

सदैव प्रसन्न रहिये और याद रखिए कि जो प्राप्त है, वही पर्याप्त है।।

16

पैरों के निशान

जन्म से ठीक पहले एक बालक भगवान से कहता है, "प्रभु आप मुझे नया जन्म मत दीजिये, मुझे पता है पृथ्वी पर बहुत बुरे लोग रहते हैं... मैं वहाँ नहीं जाना चाहता..." और ऐसा कह कर वह उदास होकर बैठ जाता है।

भगवान स्नेह पूर्वक उसके सर पर हाथ फेरते हैं और सृष्टि के नियमानुसार उसे जन्म लेने की महत्ता समझाते हैं, बालक कुछ देर हठ करता है पर भगवान के बहुत मनाने पर वह नया जन्म लेने को तैयार हो जाता है।

"ठीक है प्रभु, अगर आपकी यही इच्छा है कि मैं मृत लोक में जाऊं तो वही सही, पर जाने से पहले आपको मुझे एक वचन देना होगा।" बालक भगवान से कहता है।

भगवान : बोलो पुत्र तुम क्या चाहते हो ?

बालक : आप वचन दीजिये कि जब तक मैं पृथ्वी पर हूँ तब तक हर एक क्षण आप भी मेरे साथ होंगे।

भगवान : अवश्य, ऐसा ही होगा।

बालक : किंतु पृथ्वी पर तो आप अदृश्य हो जाते हैं, भला मैं कैसे जानूंगा कि आप मेरे साथ हैं कि नहीं?

भगवान : जब भी तुम आँखें बंद करोगे तो तुम्हें दो जोड़ी पैरों के चिन्ह दिखाई देंगे, उन्हें देखकर समझ जाना कि मैं तुम्हारे साथ हूँ। फिर कुछ ही क्षणो में बालक का जन्म हो जाता है।

जन्म के बाद वह संसारिक बातों में पड़कर भगवान से हुए वार्तालाप को भूल जाता है। पर मरते समय उसे इस बात की याद आती है तो वह भगवान के वचन की पुष्टि करना चाहता है।

वह आखें बंद कर अपना जीवन याद करने लगता है। वह देखता है कि उसे जन्म के समय से ही दो जोड़ी पैरों के निशान दिख रहे हैं। परंतु जिस समय वह अपने सबसे बुरे वक्त से गुजर रहा था उस समय केवल एक जोड़ी पैरों के निशान ही दिखाई दे रहे थे, यह देख वह

बहुत दुःखी हो जाता है कि भगवान ने अपना वचन नहीं निभाया और उसे तब अकेला छोड़ दिया जब उनकी सबसे अधिक ज़रुरत थी।

मरने के बाद वह भगवान के समक्ष पहुंचा और रूठते हुए बोला, "प्रभु ! आपने तो कहा था कि आप हर समय मेरे साथ रहेंगे, पर मुसीबत के समय मुझे दो की जगह एक जोड़ी ही पैर दिखाई दिए, बताइये आपने उस समय मेरा साथ क्यों छोड़ दिया?"

भगवान मुस्कुराये और बोले, "पुत्र ! जब तुम घोर विपत्ति से गुजर रहे थे तब मेरा हृदय द्रवित हो उठा और मैंने तुम्हें अपनी गोद में उठा लिया, इसलिए उस समय तुम्हें सिर्फ मेरे पैरों के चिन्ह दिखायी पड़ रहे थे।"

मित्रों, बहुत बार हमारे जीवन में बुरा वक़्त आता है, कई बार लगता है कि हमारे साथ बहुत बुरा होने वाला है, पर जब बाद में हम पीछे मुड़ कर देखते हैं तो पाते हैं कि हमने जितना सोचा था उतना बुरा नहीं हुआ, क्योंकि शायद यही वो समय होता है जब ईश्वर हम पर सबसे ज्यादा कृपा करते हैं। अनजाने में हम सोचते हैं कि वो हमारा साथ नहीं दे रहे पर हकीकत में वो हमें अपनी गोद में उठाये होते हैं।

17

झूठी शान

एक जंगल में पहाड़ की चोटी पर एक किला बना था। किले के एक कोने के साथ बाहर की ओर एक ऊंचा विशाल देवदार का पेड़ था। किले में उस राज्य की सेना की एक टुकडी तैनात थी। देवदार के पेड़ पर एक उल्लू रहता था। वह भोजन की तलाश में नीचे घाटी में फैले ढलवां चरागाहों में आता। चरागाहों की लम्बी घासों व झाडियों में कई छोटे-मोटे जीव व कीट-पतंगे मिलते, जिन्हें उल्लू भोजन बनाता। निकट ही एक बडी झील थी, जिसमें हंसों का निवास था। उल्लू पेड़ पर बैठा झील को निहारा करता। उसे हंसों का तैरना व उडना मंत्रमुग्ध करता। वह सोचा करता कि कितना शानदार पक्षी हैं- हंस। एकदम दूध-सा सफेद, गुलगुला शरीर, सुराहीदार गर्दन, सुंदर मुख व तेजस्वी आंखें। उसकी बड़ी इच्छा होती किसी हंस से उसकी दोस्ती हो जाए।

एक दिन उल्लू पानी पीने के बहाने झील के किनारे उगी एक झाड़ी पर उतरा। निकट ही एक बहुत शालीन व सौम्य हंस पानी में तैर रहा था। हंस तैरता हुआ झाड़ी के निकट आया।

उल्लू ने बात करने का बहाना ढूंढा "हंस जी, आपकी आज्ञा हो तो पानी पी लूं। बड़ी प्यास लगी है।"

हंस ने चौंककर उसे देखा और बोला "मित्र! पानी प्रकृति द्वारा सबको दिया गया वरदान है। इस पर किसी एक का अधिकार नहीं।"

उल्लू ने पानी पीया। फिर सिर हिलाया जैसे उसे निराशा हुई हो। हंस ने पूछा "मित्र! असंतुष्टनजर आते हो। क्या प्यास नहीं बुझी?"

उल्लू ने कहा "हे हंस! पानी की प्यास तो बुझ गई पर आपकी बातों से मुझे ऐसा लगा कि आप नीति व ज्ञान के सागर हैं। मुझमें उसकी प्यास जग गई हैं। वह कैसे बुझेगी?"

हंस मुस्कुराया "मित्र, आप कभी भी यहां आ सकते हैं। हम बातें करेंगे। इस प्रकार मैं जो जानता हूं, वह आपका हो जाएगा और मैं भी आपसे कुछ सीखूंगा।"

इसके पश्चात हंस व उल्लू रोज मिलने लगे। एक दिन हंस ने उल्लू को बता दिया कि वह वास्तव में हंसों का राजा हंसराज हैं। अपना असली परिचय देने के बाद हंस अपने मित्र को

निमन्त्रण देकर अपने घर ले गया। शाही ठाठ थे। खाने के लिए कमल व नरगिस के फूलों के व्यंजन परोसे गए और जाने क्या-क्या दुर्लभ खाद्य थे, उल्लू को पता ही नहीं लगा। बाद में सौंफ-इलाइची की जगह मोती पेश किए गए। उल्लू दंग रह गया।

अब हंसराज उल्लू को महल में ले जाकर खिलाने-पिलाने लगा। रोज दावत उड़ती। उसे डर लगने लगा कि किसी दिन साधारण उल्लू समझकर हंसराज दोस्ती न तोड़ लें।

इसलिए स्वयं को हंसराज की बराबरी का बनाए रखने के लिए उसने झूठ-मूठ कह दिया कि वह भी उल्लूओं का राजा उल्लूक राज हैं। झूठ कहने के बाद उल्लू को लगा कि उसका भी फर्ज बनता हैं कि हंसराज को अपने घर बुलाए।

एक दिन उल्लू ने दुर्ग के भीतर होने वाली गतिविधियों को गौर से देखा और उसके दिमाग में एक युक्ति आई। उसने दुर्ग की बातों को खूब ध्यान से समझा। सैनिकों के कार्यक्रम नोट किए। फिर वह चला हंस के पास। जब वह झील पर पहुंचा, तब हंसराज कुछ हंसनियों के साथ जल में तैर रहा था। उल्लू को देखते ही हंस बोला “मित्र, आप इस समय?”

उल्लू ने उत्तर दिया “हां मित्र! मैं आपको आज अपना घर दिखाने व अपना मेहमान बनाने के लिए ले जाने आया हूं। मैं कई बार आपका मेहमान बना हूं। मुझे भी सेवा का मौका दो।”

हंस ने टालना चाहा “मित्र, इतनी जल्दी क्या हैं? फिर कभी चलेंगे।”

उल्लू ने कहा “आज तो आपको लिए बिना नहीं जाऊंगा।”

हंसराज को उल्लू के साथ जाना ही पडा।

पहाड़ की चोटी पर बने किले की ओर इशारा कर उल्लू उड़ते-उड़ते बोला “वह मेरा किला हैं।” हंस बड़ा प्रभावित हुआ। वे दोनों जब उल्लू के आवास वाले पेड़ पर उतरे तो किले के सैनिकों की परेड शुरु होने वाली थी। दो सैनिक बुर्ज पर बिगुल बजाने लगे। उल्लू दुर्ग के सैनिकों के रोज के कार्यक्रम को याद कर चुका था इसलिए ठीक समय पर हंसराज को ले आया था। उल्लू बोला “देखो मित्र, आपके स्वागत में मेरे सैनिक बिगुल बजा रहे हैं। उसके बाद मेरी सेना परेड और सलामी देकर आपको सम्मानित करेगी।”

नित्य की तरह परेड हुई और झंडे को सलामी दी गयी। हंस समझा सचमुच उसी के लिए यह सब हो रहा हैं। अतः हंस ने गदगद होकर कहा “धन्य हो मित्र। आप तो एक शूरवीर राजा की भांति ही राज कर रहे हो।”

उल्लू ने हंसराज पर रौब डाला “मैंने अपने सैनिकों को आदेश दिया हैं कि जब तक मेरे परम मित्र राजा हंसराज मेरे अतिथि हैं, तब तक इसी प्रकार रोज बिगुल बजे व सैनिकों की परेड निकले।”

उल्लू को पता था कि सैनिकों का यह रोज का काम हैं। दैनिक नियम हैं। हंस को उल्लू ने फल, अखरोट व बनफशा के फूल खिलाए। उनको वह पहले ही जमा कर चुका था। भोजन का महत्व नहीं रह गया। सैनिकों की परेड का जादू अपना काम कर चुका था। हंसराज के दिल में उल्लू मित्र के लिए बहुत सम्मान पैदा हो चुका था।

उधर सैनिक टुकडी को वहां से कूच करने के आदेश मिल चुके थे। दूसरे दिन सैनिक अपना सामान समेटकर जाने लगे तो हंस ने कहा "मित्र, देखो आपके सैनिक आपकी आज्ञा लिए बिना कहीं जा रहे हैं।

उल्लू हडबडाकर बोला " किसी ने उन्हें गलत आदेश दिया होगा। मैं अभी रोकता हूं उन्हें।" ऐसा कह वह 'हूं हूं' करने लगा।

सैनिकों ने उल्लू का घुघुआना सुना व अपशकुन समझकर जाना स्थगित कर दिया। दूसरे दिन फिर वही हुआ। सैनिक जाने लगे तो उल्लू घुघुआया। सैनिकों के नायक ने क्रोधित होकर सैनिकों को मनहूस उल्लू को तीर मारने का आदेश दिया। एक सैनिक ने तीर छोड़ा। तीर उल्लू की बगल में बैठे हंस को लगा। वह तीर खाकर नीचे गिरा व फडफडाकर मर गया। उल्लू उसकी लाश के पास शोकाकुल हो विलाप करने लगा। "हाय! मैंने अपनी झूठी शान के चक्कर में अपना परम मित्र खो दिया। धिक्कार हैं मुझे।"

उल्लू को आसपास की खबर से बेसुध होकर रोते देखकर एक सियार उस पर झपटा और उसका काम तमाम कर दिया।

18

5 रूपये का हीरा

एक कुम्हार को मिट्टी खोदते हुए अचानक एक हीरा मिल गया, उसने उसे अपने गधे के गले में बांध दिया। एक दिन एक बनिए की नजर गधे के गले में बंधे उस हीरे पर पड़ गई, उसने कुम्हार से उसका मूल्य पूछा।

कुम्हार ने कहा: सवा सेर गुड़

बनिए ने कुम्हार को सवा सेर गुड़ देकर वह हीरा खरीद लिया। बनिए ने भी उस हीरे को एक चमकीला पत्थर समझा था, लेकिन अपनी तराजू की शोभा बढ़ाने के लिए उसकी डंडी से बांध दिया।

एक दिन एक जौहरी की नजर बनिए के उस तराजू पर पड़ गई, उसने बनिए से उसका दाम पूछा

बनिए ने कहा: पांच रुपए।

जौहरी कंजूस व लालची था, हीरे का मूल्य केवल पांच रुपए सुन कर समझ गया कि बनिया इस कीमती हीरे को एक साधारण पत्थर का टुकड़ा समझ रहा है।

वह उससे भाव-ताव करने लगा: पांच नहीं, चार रुपए ले लो।

बनिये ने मना कर दिया क्योंकि उसने चार रुपए का सवा सेर गुड़ देकर खरीदा था। जौहरी ने सोचा कि इतनी जल्दी भी क्या है? कल आकर फिर कहूंगा, यदि नहीं मानेगा तो पांच रुपए देकर खरीद लूंगा।

संयोग से दो घंटे बाद एक दूसरा जौहरी कुछ जरूरी सामान खरीदने उसी बनिए की दुकान पर आया। तराजू पर बंधे हीरे को देखकर वह चौंक गया, उसने सामान खरीदने के बजाए उस चमकीले पत्थर का दाम पूछ लिया। बनिए के मुख से पांच रुपए सुनते ही उसने झट जेब से निकालकर उसे पांच रुपये थमाए और हीरा लेकर खुशी-खुशी चल पड़ा।

दूसरे दिन वह पहले वाला जौहरी बनिए के पास आया, पांच रुपए थमाते हुए बोला: लाओ भाई दो वह पत्थर।

बनिया बोला: वह तो कल ही एक दूसरा आदमी पांच रुपए में ले गया।

यह सुनकर जौहरी ठगा सा महसूस करने लगा।

अपना गम कम करने के लिए बनिए से बोला: अरे मूर्ख..! वह साधारण पत्थर नहीं, एक लाख रुपए कीमत का हीरा था।

बनिया बोला: मुझसे बड़े मूर्ख तो तुम हो, मेरी दृष्टि में तो वह साधारण पत्थर का टुकड़ा था, जिसकी कीमत मैंने चार रुपए मूल्य के सवा सेर गुड़ देकर चुकाई थी, पर तुम जानते हुए भी एक लाख की कीमत का वह पत्थर, पांच रुपए में भी नहीं खरीद सके।

हमारे जीवन मे भी अक्सर ऐसा होता है, हमें हीरे रूपी सच्चे शुभचिन्तक मिलते हैं, लेकिन अज्ञानतावश पहचान नहीं कर पाते और उसकी उपेक्षा कर बैठते हैं, जैसे इस कथा में कुम्हार और बनिए ने की।

कभी पहचान भी लेते हैं, तो अपने अहंकार के चलते तुरन्त स्वीकार नहीं कर पाते और परिणाम पहले जौहरी की तरह हो जाता है और पश्चाताप के अतिरिक्त कुछ हासिल नहीं हो पाता।

19

पत्थर का डर

बहुत पहले की बात है एक शिल्पकार मूर्ति बनाने के लिए जंगल में पत्थर ढूंढने गया। वहाँ उसको एक बहुत ही अच्छा पत्थर मिल गया। जिसको देखकर वह बहुत खुश हुआ और कहा यह मूर्ति बनाने के लिए बहुत ही सही है।

जब वह आ रहा था तो उसको एक और पत्थर मिला उसने उस पत्थर को भी अपने साथ ले लिया। घर जाकर उसने पत्थर को उठा कर अपने औजारों से उस पर कारीगरी करनी शुरू कर दिया।

औजारों की चोट जब पत्थर पर हुई तो वह पत्थर बोलने लगा की मुझको छोड़ दो इससे मुझे बहुत दर्द हो रहा है। अगर तुम मुझ पर चोट करोगे तो मैं बिखर कर अलग हो जाऊंगा। तुम किसी और पत्थर पर मूर्ति बना लो।

पत्थर की बात सुनकर शिल्पकार को दया आ गयी। उसने पत्थर को छोड़ दिया और दूसरे पत्थर को लेकर मूर्ति बनाने लगा। वह पत्थर कुछ नहीं बोला। कुछ समय में शिल्पकार ने उस पत्थर से बहुत अच्छी भगवान की मूर्ति बना दी।

गांव के लोग मूर्ति बनने के बाद उसको लेने आये। उनने सोचा की हमें नारियल फोड़ने के लिए एक और पत्थर की जरुरत होगी। उन्होंने वहाँ रखे पहले पत्थर को भी अपने साथ ले लिया। मूर्ति को ले जाकर उन्होंने मंदिर में सजा दिया और उसके सामने उसी पत्थर को रख दिया।

अब जब भी कोई व्यक्ति मंदिर में दर्शन करने आता तो मूर्ति को फूलों से पूजा करता, दूध से स्नान कराता और उस पत्थर पर नारियल फोड़ता था। जब लोग उस पत्थर पर नारियल फोड़ते तो बहुत परेशान होता।

उसको दर्द होता और वह चिल्लाता लेकिन कोई उसकी सुनने वाला नहीं था। उस पत्थर ने मूर्ति बने पत्थर से बात करी और कहा की तुम तो बड़े मजे से हो लोग तो तुम्हारी पूजा करते है। तुमको दूध से स्नान कराते है और लड्डुओं का प्रसाद चढ़ाते है।

लेकिन मेरी तो किस्मत ही ख़राब है मुझ पर लोग नारियल फोड़ कर जाते है। इस पर मूर्ति बने पत्थर ने कहा की जब शिल्पकार तुम पर कारीगरी कर रहा था यदि तुम उस समय उसको नहीं रोकते तो आज मेरी जगह तुम होते।

लेकिन तुमने आसान रास्ता चुना इसलिए अभी तुम दुःख उठा रहे हो। उस पत्थर को मूर्ति बने पत्थर की बात समझ आ गयी थी। उसने कहा की अब से मै भी कोई शिकायत नहीं करूँगा। इसके बाद लोग आकर उस पर नारियल फोड़ते।

नारियल टूटने से उस पर भी नारियल का पानी गिरता और अब लोग मूर्ति को प्रसाद का भोग लगाकर उस पत्थर पर रखने लगे।

दोस्तो यह याद रखिए कि हमें कभी भी कठिन परिस्थितियों से घबराना नहीं चाहिए।

20

भगवान पर भरोसा नहीं

एक गांव में दो मित्र विकास और कमल रहते थे। विकास बहुत धार्मिक था और भगवान को बहुत मानता था। जबकि कमल बहुत मेहनती थी। एक बार दोनों ने मिलकर एक बीघा जमीन खरीदी। जिससे वह बहुत फ़सल ऊगा कर अपना घर बनाना चाहते थे।

कमल तो खेत में बहुत मेहनत करता लेकिन विकास कुछ काम नहीं करता बल्कि मंदिर में जाकर भगवान से अच्छी फसल के लिए प्रार्थना करता था। इसी तरह समय बीतता गया। कुछ समय बाद खेत की फसल पक कर तैयार हो गयी।

जिसको दोनों ने बाजार ले जाकर बेच दिया और उनको अच्छा पैसा मिला। घर आकर कमल ने विकास को कहा की इस धन का ज्यादा हिस्सा मुझे मिलेगा क्योंकि मैंने खेत में ज्यादा मेहनत की है।

यह बात सुनकर विकास बोला नहीं धन का तुमसे ज्यादा हिस्सा मुझे मिलना चाहिए क्योंकि मैंने भगवान से इसकी प्रार्थना की तभी हमको अच्छी फ़सल हुई। भगवान के बिना कुछ संभव नहीं है। जब वह दोनों इस बात को आपस में नहीं सुलझा सके तो धन के बॅटवारे के लिए दोनों गांव के मुखिया के पास पहुंचे।

मुखिया ने दोनों की सारी बात सुनकर उन दोनों को एक – एक बोरा चावल का दिया जिसमें कंकड़ मिले हुए थे। मुखिया ने कहा की कल सुबह तक तुम दोनों को इसमें से चावल और कंकड़ अलग करके लाने है तब में निर्णय करूंगा की इस धन का ज्यादा हिस्सा किसको मिलना चाहिए।

दोनों चावल की बोरी लेकर अपने घर चले गए। कमल ने रात भर जागकर चावल और कंकड़ को अलग किया। लेकिन विकास चावल की बोरी को लेकर मंदिर में गया और भगवान से चावल में से कंकड़ अलग करने की प्रार्थना की।

अगले दिन सुबह कमल जितने चावल और कंकड़ अलग कर सका उसको ले जाकर मुखिया के पास गया। जिसे देखकर मुखिया खुश हुआ। विकास वैसी की वैसी बोरी को ले जाकर मुखिया के पास गया।

मुखिया ने विकास को कहा की दिखाओ तुमने कितने चावल साफ़ किये है। विकास ने कहा की मुझे भगवान पर पूरा भरोसा है की सारे चावल साफ़ हो गए होंगे। जब बोरी को खोला गया तो चावल और कंकड़ वैसे के वैसे ही थे।

जमींदार ने विकास को कहा की भगवान भी तभी सहायता करते है जब तुम मेहनत करते हो। जमींदार ने धन का ज्यादा हिस्सा कमल को दिया। इसके बाद विकास भी कमल की तरह खेत में मेहनत करने लगा और अबकी बार उनकी फ़सल पहले से भी अच्छी हुई।

इस कहानी से हमें यह सीख मिलती है की हमें कभी भी भगवान के भरोसे नहीं बैठना चाहिए। हमें सफलता प्राप्त करने के लिए मेहनत करनी चाहिए।

21

ब्रिजेश नौकरी करेगा

ब्रिजेश पढ़ाई में होशियार होते हुए भी बहुत आलसी था। वह आज के काम को कल और कल के काम को परसों के लिए छोड़ दिया करता था। इस कारण उसका वह काम समय बीत जाने के बाद भी कभी पूरा नहीं हो पाता था। ब्रिजेश की माँ का स्वर्गवास हो चुका था, केवल पिता ही उसके साथ थे।

उसके पिता शहर के एक मनोरंजन पार्क में पौधों की देखभाल का काम करते थे। वहाँ उन्हें कड़ी मेहनत करनी पड़ती थी, फिर भी उन्होंने ब्रिजेश को कभी किसी चीज की कमी महसूस नहीं होने दी। वे हमेशा ब्रिजेश का ख्याल रखते थे और उसकी हर जरूरत पूरी करते थे, पर ब्रिजेश इन सुविधाओं का नाजायज फायदा उठाता था। वह इसलिए आलसी और लापरवाह हो गया था।

इस तरह समय व्यतीत होने लगा। ब्रिजेश की अर्धवार्षिक परीक्षा समाप्त हो चुकी थी। जब परीक्षा का परिणाम निकला तो वह सभी विषयों में फेल हो गया। इसी कारण छुट्टी के पश्चात वह चुपचाप घर में आकर खाट पर लेट गया। उसका मन बहुत अशांत था। वह सोच में पड़ गया कि बापू पूछेंगे तो वह क्या जवाब देगा?

शाम हो चुकी थी। ब्रिजेश के पिता काम करके घर लौट रहे थे। कुछ लड़के उनके आगे-आगे बातें करते हुए चल रहे थे।

उनमें से एक लड़का कह रहा था, "अरे, ब्रिजेश तो इस वर्ष अर्धवार्षिक परीक्षा में फेल हो गया है।"

इस पर दूसरे ने कहा, "वह पढ़ने में आलसी और कामचोर है, तब फेल नहीं होगा तो क्या पास होगा?"

यह सुनकर ब्रिजेश के पिता की आँखों के सामने अंधेरा छाने लगा।

उन्हें ब्रिजेश से न जाने क्या-क्या आशाएं थीं। वे सोचते कि जब ब्रिजेश पढ़-लिखकर कोई अच्छी सी नौकरी करेगा तो वह स्वयं यह नौकरी छोड़ देंगे और आराम से रहेंगे। परंतु ब्रिजेश के फेल होने की बात सुनते ही उन्हें लगा कि उनके सारे सपने टूटने लगे हैं। वे गुस्से में तेजी

से घर पहुँचे। उन्होंने मन ही मन निश्चय किया कि आज इसे इतना मारूंगा कि जिंदगी भर याद रखेगा। उसे क्या मालूम कि मैं दिन-रात मेहनत करके कमाता हूं और वह...।

ब्रिजेश के पिता ने घर में प्रवेश करते हुए गुस्से में दरवाजे को पैर से जोरदार धक्का दिया। घर के भीतर पहुँचते ही ब्रिजेश को तकिए के भीतर मुँह छुपाकर लेटा हुआ पाया तो उनका सारा गुस्सा मोम की तरह पिघल गया।

उन्होंने ब्रिजेश से बड़े प्यार से कहा, "क्यों बेटे ब्रिजेश, क्या बात है? आज तुम इतने उदास क्यों दिखाई दे रहे हो?"

इस पर ब्रिजेश ने कहा, "नहीं बापू, कहाँ उदास हूं? आज मैं कुछ ज्यादा ही थक गया हूं।

उसकी बात सुनकर ब्रिजेश के पिता ने कुछ नहीं कहा। उन्होंने हाथ पैर धोए और भोजन बनाने में जुट गए। भोजन बन जाने के बाद उन्होंने ब्रिजेश से खाना खाने को कहा।

भोजन परोसते हुए वे बोले, "क्यों बेटे, तुम्हारी अर्धवार्षिक परीक्षा का परिणाम कैसा रहा? तुम पास हो गए या फेल?"

सुनते ही ब्रिजेश का जी धक् से हो गया। फिर भी वह अपने को काबू में रखते हुए बोला, "बापू मैं सभी विषयों में पास हो गया हूं।

बेटे की बात सुनकर पिता के दिल को ठेस लगी। उन्होंने कहा, "बेटा, तुम झूठ बोल रहे हो या वे लड़के, जो अभी लौटते समय मेरे आगे चल रहे थे, यह तो मैं नहीं जानता, पर वे लड़के कह रहे थे कि ब्रिजेश अर्धवार्षिक परीक्षा में फेल हो गया है। बेटे मैं चाहता हूं कि तुम पढ़-लिखकर कोई अच्छी-सी नौकरी करो और सुखपूर्वक जीवन व्यतीत करो। मैं नहीं चाहता कि तुम्हारी हालत मेरी तरह हो... ।" कहते हुए ब्रिजेश के पिता का गला रूंध गया और वह आगे कुछ न कह सके।

इतना सुनना था कि ब्रिजेश फूट-फूटकर रोने लगा। वह माफी मांगते हुए बोला, "बापू, एक बार मुझे माफ कर दो, कमा अब मैं आपसे झूठ नहीं कहूँगा। वास्तव में मैं फेल हो गया हूं। अब मैं मेहनत और लगन से पढ़कर अच्छे नंबरों से पास होउँगा।"

इस घटना के बाद ब्रिजेश एकदम बदल गया था। अब वह मन लगाकर पढ़ाई करता। घर का सारा काम भी करता, फिर खाना पकाता तथा अपने पिता के कामों में सहायता किया करता। जब उसके पिता काम से लौटते तो ब्रिजेश उनका इंतजार करते हुए मिलता। पिता को ब्रिजेश के इस परिवर्तन से आश्चर्य हो रहा था।

जब ब्रिजेश की वार्षिक परीक्षा का परिणाम निकला, तो वह अपनी कक्षा में प्रथम आया था। ब्रिजेश के पिता ने सुना तो खुशी के मारे उनकी आँखों में आंसू आ गए। उन्हें लग रहा था कि अब उनके सारे सपने पूरे होने लगे हैं।

अब उन्हें पूर्ण विश्वास हो गया कि ब्रिजेश पढ़-लिखकर जरूर एक दिन अच्छी-सी नौकरी करेगा।

22

बदसूरत

एक बारहसिंघा झील में पानी पीने पहुंचा, वह जल में अपने शरीर की परछाई को देखकर बहुत प्रसन्न हुआ और अपने से ही कहने लगा- " वाह! भगवान ने मेरा शरीर कितना मनोहर बनाया है. सिर तो मानो सांचे में ही ढाल दिया हो। उस पर लंबे-लंबे और फैले-फैले सींघ कितने प्यारे, कितने सुंदर जान पड़ते हैं। इसके साथ ही साथ मेरे सींग बहुत मजबूत भी है। भला भगवान ने इतने प्यारे, इतने सुंदर, इतने मजबूत सींघ और किसी पशु को दिए हैं? भगवान के इस उपकार के लिए मैं उन्हें बार-बार नमन करता हूं।"

यह कहते कहते बारहसिंघा की नजर अपने पैरों पर पड़ी, अपने पैर को देखते ही बारहसिंघा का रोम-रोम दुखी हो उठा। वह ठंडी सांस छोड़ते हुए कहने लगा- "मेरे यह पैर कितने लंबे, पतले, सूखे और कितने बदसूरत है। हे भगवान! मैंने तुम्हारा क्या बिगाड़ा था जो तुमने मुझे इतना कुरूप पर दिए हैं, जो मेरी सारी सुंदरता और शोभा को मिट्टी में मिला देते हैं।"

बारहसिंघा इसी उधेड़बुन में सोच रहा था कि तभी उसके कानों में शिकारी कुत्तों की आवाज सुनाई पड़ी। कुत्तों की आवाज सुनते ही बारहसिंघा सारी उधेड़बुन भूल गया, अब उसे यह चिंता नहीं थी की वाह कितना सुंदर है या वह कितना बदसूरत है। अब उसकी चिंता थी शिकारी कुत्तों से दूर जाकर अपने प्राण को बचाना। जब वह कुत्तों से बचने के लिए भाग रहा था, तब उसकी नजर अपने पैरों पर पड़ी, यह वहीं बदसूरत पैर थे जिसे देखकर बारहसिंघा दुखी हो जाया करता था, उन्हीं पैरों के सहारे वह भागा जा रहा था और इतनी तेजी से भागा की शिकारी कुत्तों की पकड़ से आगे निकल गया।

परंतु उसी समय बारहसिंघा के लंबे, छितराए और टेढ़े मेढ़े सींग एक पेड़ की डाली में फस गए। बारहसिंघा बहुत फड़फड़ाया और जोर लगा लगा कर छुटने की कोशिश करने लगा। परंतु डालियों के फैलाव से छुटकारा ना पा सका। इतने में शिकारी कुत्ते दौड़ते दौड़ते उसके पास आ गए। और उसके शरीर पर टूट पड़े, उसके सुंदर शरीर को नोचने पढ़ने लगे।

अब तो मानो बारहसिंघे की आंखें खुल गई। उसने मरते मरते कहां- " मेरी समझ में जो पैर लंबे, पतले।, सूखे और भद्दे थे वह अंग ही मेरे प्राण बचाना चाहते थे। परंतु जो सींघ बड़े प्यारे, बड़े सुंदर जान पढ़ते थे वही मेरे प्राणों के दुश्मन बन गए। उन्हीं की वजह से आज मेरी यह दुर्दशा हुई। सच है प्राणी जिस ओर से निश्चिंत रहता है आमतौर पर उसी ओर से धोखा खाता है। यदि मैंने पहले ही समझ लिया होता कि वास्तव में सुंदर तो वह अंग है जो अपने काम आता है तो आज मेरी यह दुर्दशा नहीं होती।"

यह सोचते-सोचते बारहसिंघा ने अपने प्राण त्याग दिए।

23

गुप्तचर महिला

पर्वत सिंह नाम का एक राजा था। उसके पास एक सफ़ेद तोता था। राजा उसे मोती चुगाया करता और बहुत लाड़-प्यार से उसका पालन किया करता। वह सफ़ेद तोता नित्य प्रति सायंकाल राजा के महल से उड़कर कभी किसी दिशा में और कभी किसी दिशा में थोड़ा चक्कर काट आया करता।

एक दिन वह सफ़ेद तोता उड़ता हुआ राजा के दरबारी की छत पर जा बैठा। उनकी पुत्रवधू गर्भवती थी। उसने सुन रखा था कि गर्भावस्था में यदि किसी स्त्री को सफ़ेद तोता का मांस खाने को मिल जाये तो उसकी होने वाली संतान अत्यंत मेधावी, तेजस्वी और भाग्यशाली होती है। अनायास ही छत पर सफ़ेद तोता आया देखकर उसके मुंह में पानी भर आया। उसने सफ़ेद तोता को पकड़ लिया और रसोईघर में ले जाकर उसे पकाकर खा गई। इस बात का पता न उसने अपनी सास को लगने दिया, न ससुर को और न पति को ही, क्योंकि उसे भय था कि अगर राजा को इस बात का सुराग लग गया तो बड़ा अनिष्ट हो जायेगा।

उधर जब रात होने पर सफ़ेद तोता राजमहल में नहीं पहुंचा तो राजा-रानी को बहुत चिंता हुई। उनका मन आकुल-व्याकुल हो गया। चारों ओर उसकी खोज में आदमी दौड़ाये गए लेकिन सफ़ेद तोता कहीं हो तब मिले न! राजा ने अड़ोस-पड़ोस के शहरों-कस्बों में भी सूचना कराई कि अगर कोई सफ़ेद तोता का पता लगा सके तो राज्य की ओर से उसे बहुत बड़ा पुरस्कार दिया जायेगा।

दस-बीस दिन निकल गये। कुछ भी पता नहीं लग सका। चूंकि वह सफ़ेद तोता राजा और रानी को बहुत प्रिय था, अतः वे उदास रहने लगे। एक दिन एक गुप्तचर महिला राजा के पास आई और बोली कि वह सफ़ेद तोता का पता लगा सकती है, लेकिन उसे थोड़ा-सा समय चाहिए।

राजा ने कहा, "मेरे राज्य के पंडित-ज्योतिषी, हाकिम-हुक्काम और मेरे इतने सारे गुप्तचरों में कोई भी पता नहीं लगा सका, तुम कैसे पता लगा सकोगी?"

गुप्तचर महिला ने कहा, "मुझे अपनी योग्यता पर विश्वास है। अगर अन्नदाता का हुक्म हो तो एक बार आकाश के तारे भी तोड़कर ले आऊं। आप मुझे थोड़ा-सा समय दीजिए और आवश्यक धन दे दीजिए। उसे वापस ला सकूं या नहीं, लेकिन मैं आपको विश्वास दिलाती हूं कि उसका अता-पता अवश्य ले आऊंगी।"

राजा ने स्वीकार कर लिया और गुप्तचर महिला अपने उद्देश्य की सिद्धि के लिए चल पड़ी।

सबसे पहले गुप्तचर महिला ने यह पता लगाया कि शहर के धनिक घरों में कौन-कौन स्त्री गर्भवती हैं। उसे पता था कि गर्भावस्था में किसी स्त्री को यदि सफ़ेद तोता का मांस मिल जाये तो वह बिना खाये नहीं रहेगी। साथ ही यह भी जनती थी कि साधारण घर की कोई स्त्री राजा का सफ़ेद तोता पकड़ने का साहस नहीं कर सकती।

खोजते-खोजते उसे पता लगा कि दरबारी की पुत्रवधू गर्भवती है। अतः: उसके मन में संदेह हो गया कि हो सकता है, राजा का सफ़ेद तोता उड़ते-उड़ते किसी दिन इनके घर की छत पर आ गया हो और गर्भावस्था में होने के कारण लोभवश यह स्त्री उसे खा गई हो।

गुप्तचर महिला ने सोचा, किसी भी स्त्री के साथ निकटस्थ मैत्री करने के लिए उसके पीहर के हालचाल जानना आवश्यक है। इसलिए गुप्तचर महिला उसके पीहर के गांव पहुंची। वहां जाकर उसने पीहरवाले सारे लोगों के नाम-धाम तथा उनके घर में बीती हुई खास-खास पुरानी घटनाओं की जानकारी ली। उसे पता लगा कि राजा के दरबारी की पुत्रवधू की मौसी छोटी उम्र में ही किसी साधु के साथ चली गई थी और आज तक लौटकर नहीं आई है। उसने सोचा, अब राजा के दरबारी के घर जाकर उनकी पुत्रवधू की मौसी बनकर भेद लेने का अच्छा अस्त्र अपने हाथ आ गया।

वह राजा के दरबारी के घर गई। उनकी पुत्रवधू के साथ बहुत स्नेह-ममत्व की बात करने लगी और बोली; "बेटी, मैं तेरी मौसी हूं। हम दोनों आज पहली बार मिली हैं। तुम जानती ही हो कि मैं तो बहुत पहले घर छोड़कर एक साधु के साथ चली गई थी। हल ही में घर लौटकर आयी और भाई से मिली तो उसने बताया कि तुम यहां ब्याही गई हो और तुम्हारे ससुर राज्य के दीवान हैं। यह जानकर मन में तुमसे मिलने की बहुत उत्कंठा हुई तो यहां चली आई। तुम्हें देखकर मेरे मन में बहुत ही हर्ष हुआ। भगवान तुम्हें सुखी रखें और तुम्हारी कोख से एक कांतिवान तेजस्वी पुत्र पैदा हो। मैं परसों वापस जा रही हूं और तुम्हारे लड़का होने के बाद भाई-भाभी को साथ लेकर बच्चे को देखने और उसका लाड़-चाव करने यहां आऊंगी।"

दीवान की पुत्रवधू ने अपने भोलेपन के कारण उसकी बातों का विश्वास कर लिया और बोली, "मौसीजी, आप आई हैं तो दस-बीस दिन तो यहां रहिए। जाने की इतनी जल्दी भी क्या पड़ी है!"

मौसी बनी हुई कुटअनी को और क्या चाहिए था ! उसने वहां रहना स्वीकार कर लिया। थोड़े ही दिनों में मौसी-भांजी खूब हिल-मिल गई। एक दिन बातों-ही बातों में मौसीजी ने कहा, "बेटी, गर्भावस्था में किसी स्त्री को अगर सफ़ेद तोता का मांस खाने को मिल जाये तो

बहुत अच्छा परिणाम निकलता है। उसके प्रभाव से होनेवा ली संतान बहुत ही तेजस्वी और कांतिवान होती है; किंतु सफ़ेद तोता तो मानसरोवर छोड़कर और कहीं होते नहीं, इसलिए यह काम पार पड़े तो कैसे पड़े !"

यह सुनकर उसने अपने सफ़ेद तोता खाने की बात मौसीजी को सहजभाव से बता दी। सुनकर मौसी ने कहा, "बेटी, यह अचरज की बात है कि तुम्हारे यहां राजा के पास सफ़ेद तोता था ! तुमने जो कुछ किया, वह बहुत अच्छा किया; किन्तु तुम्हें किसी के सामने इस घटना का जिक्र नहीं करना चाहिए। मेरे सामने भी नहीं करना था। लेकिन खैर, मुझसे कही हुई बात तो कहीं जाने वाली नहीं है, इसलिए जिक्र कर दिया तो भी कोई बात नहीं!"

कुछ दिन और बीत गये, तब गुप्तचर महिला ने कहा, "बेटी, अगर भगवान के सामने तुम सफ़ेद तोता खाने की बात स्वीकार कर लो तो सफ़ेद तोता की हत्या का पाप तो सिर से उतर ही जायेगा, सुपरिणाम भी द्विगुणित होगा। मंदिर के पुजारी से कहकर मैं ऐसी व्यवस्था कर दूंगी कि जिस वक्त वहां तुम सारी घटना बताकर अपराध स्वीकार करो, उस वक्त पुजारी भी वहां नहीं रहे तथा और भी कोई न रहे, हम दो ही रहेंगी।"

उसने ऐसा करना स्वीकार कर लिया।

गुप्तचर महिला लुक-छिपकर राजा के पास पहुंची और बोली, "आपसे वायदा किया था, उसके अनुसार सफ़ेद तोते का अता-पता लगा लाई हूं।" ऐसा कहकर उसने सारी घटना राजा को बताई।

राजा ने कहा, "इसका प्रमाण क्या है?"

वह बोली, "कल आप मंदिर में आ जायें और सफ़ेद तोता खाने वाली स्त्री की स्वीकारोक्ति स्वयं अपने कानों सुन लें।"

राजा ने ऐसा करने की 'हां' भर ली।

नियत दिन समय से कुछ पहले पूर्व-योजना के अनुसार गुप्तचर महिला ने राजा को एक जरा ऊंचे स्थान पर रखे हुए एक बड़े-से ढोल में छिपा दिया और मौसी-भांजी मंदिर पहुंचीं।

मंदिर का पट खुला था। पुजारी या और दूसरा कोई भी व्यक्ति वहां नहीं था। अब मौसीजी ने शुरू किया, "हां, तो बेटी क्या बात हुई थी उस दिन?"

दीवानकी पुत्रवधू ने घटना आरम्भ की। वह थोड़ी-सी घटना ही कह पाई थी कि गुप्तचर महिला ने सोचा, राजा ध्यानपूर्वक सुन तो रहा है न, इसलिए वह ढोल की तरफ इशारा करके बोली, "ढोल रे ढोल, सुन रे बहू का बोल।"

उसका इतना कहना था कि भांजी का माथा ठनका। उसे वहम हो गया कि हो न हो, दाल में कुछ काला है। मालूम होता है, मैं तो ठगी गई हूं। वह चुप हो गई।

मौसी बोली; "हां तो बेटी, आगे क्या हुआ ?"

इस पर भांजी बोली, "उसके बाद तो मौसीजी मेरी आंख खुल गयी, सपना टूट गया।"

ज्योंही भांजी की आंख खुली, त्योंही मौसीजी की आंखें भी खुली-की-खुली रह गईं। उसके पांव तो भांजी से भी भारी हो गये और उसके लिए उठकर खड़े होना भी मुश्किल हो गया।

24

साथी

एक बार एक आदमी रेगिस्तान में कहीं भटक गया। उसके पास खाने-पीने की जो थोड़ी-बहुत चीजें थीं वो जल्द ही ख़त्म हो गयीं और पिछले दो दिनों से वो पानी की एक-एक बूंद के लिए तरस रहा था। वह मन ही मन जान चुका था कि अगले कुछ घंटों में अगर उसे कहीं से पानी नहीं मिला तो उसकी मौत पक्की है। पर कहीं न कहें उसे ईश्वर पर यकीन था कि कुछ चमत्कार होगा और उसे पानी मिल जाएगा... तभी उसे एक झोपड़ी दिखाई दी! उसे अपनी आँखों यकीन नहीं हुआ।

पहले भी वह मृगतृष्णा और भ्रम के कारण धोखा खा चुका था...पर बेचारे के पास यकीन करने के आलावा को चारा भी तो न था! आखिर ये उसकी आखिरी उम्मीद जो थी! वह अपनी बची-खुची ताकत से झोपडी की तरफ रेंगने लगा...जैसे-जैसे करीब पहुँचता उसकी उम्मीद बढती जाती... और इस बार भाग्य भी उसके साथ था, सचमुच वहां एक झोपड़ी थी! पर ये क्या? झोपडी तो वीरान पड़ी थी! मानो सालों से कोई वहां भटका न हो।

फिर भी पानी की उम्मीद में आदमी झोपड़ी के अन्दर घुसा, अन्दर का नजारा देख उसे अपनी आँखों पे यकीन नहीं हुआ...वहां एक हैण्ड पंप लगा था, आदमी एक नई उर्जा से भर गया...पानी की एक-एक बूंद के लिए तरसता वह तेजी से हैण्ड पंप चलाने लगा। लेकिंग हैण्ड पंप तो कब का सूख चुका था...आदमी निराश हो गया...उसे लगा कि अब उसे मरने से कोई नहीं बचा सकता...वह निढाल हो कर गिर पड़ा! तभी उसे झोपड़ी के छत से बंधी पानी से भरी एक बोतल दिखी! वह किसी तरह उसकी तरफ लपका!

वह उसे खोल कर पीने ही वाला था कि तभी उसे बोतल से चिपका एक कागज़ दिखा....उस पर लिखा था- इस पानी का प्रयोग हैण्ड पंप चलाने के लिए करो...और वापस बोतल भर कर रखना नहीं भूलना। ये एक अजीब सी स्थिति थी, आदमी को समझ नहीं आ रहा था कि वो पानी पिए या उसे हैण्ड पंप में डालकर उसे चालू करे! उसके मन में तमाम सवाल उठने लगे... अगर पानी डालने पे भी पंप नहीं चला....अगर यहाँ लिखी बात झूठी हुई...और क्या पता जमीन के नीचे का पानी भी सूख चुका हो।

लेकिन क्या पता पंप चल ही पड़े....क्या पता यहाँ लिखी बात सच हो...वह समझ नहीं पा रहा था कि क्या करे! फिर कुछ सोचने के बाद उसने बोतल खोली और कांपते हाथों से पानी पंप में डालने लगा। पानी डालकर उसने भगवान् से प्रार्थना की और पंप चलाने लगा...एक-दो-तीन....और हैण्ड पंप से ठंडा-ठंडा पानी निकलने लगा! वो पानी किसी अमृत से कम नहीं था... आदमी ने जी भर के पानी पिया, उसकी जान में जान आ गयी, दिमाग काम करने लगा।

उसने बोतल में फिर से पानी भर दिया और उसे छत से बांध दिया। जब वो ऐसा कर रहा था तभी उसे अपने सामने एक और शीशे की बोतल दिखी। खोला तो उसमे एक पेंसिल और एक नक्शा पड़ा हुआ था जिसमे रेगिस्तान से निकलने का रास्ता था। आदमी ने रास्ता याद कर लिया और नक़्शे वाली बोतल को वापस वहीं रख दया। इसके बाद वो अपनी बोतलों में पानी भर कर वहां से जाने लगा।

कुछ आगे बढ़ कर उसने एक बार पीछे मुड़ कर देखा...फिर कुछ सोच कर वापस उस झोपडी में गया और पानी से भरी बोतल पे चिपके कागज़ को उतार कर उस पर कुछ लिखने लगा। उसने लिखा- मेरा यकीन करिए...ये काम करता है!

दोस्तों हमे अपने जीवन की बुरी से बुरी स्थिति में भी अपनी उम्मीद नहीं छोडनी चाहिए, यह भी हमेशा याद रखना कि कुछ बड़ा पाने से पहले हमें अपनी ओर से भी कुछ देना होता है। जैसे उस आदमी ने नल चलाने के लिए मौजूद पूरा पानी उसमे डाल दिया। देखा जाए तो इस कहानी में पानी जीवन में मौजूद अच्छी चीजों को दर्शाता है।

25

छेद वाला

गुरुकुल में शिक्षा प्राप्त कर रहे शिष्यों में आज काफी उत्साह था , उनकी बारह वर्षों की शिक्षा आज पूर्ण हो रही थी और अब वो अपने घरों को लौट सकते थे . गुरु जी भी अपने शिष्यों की शिक्षा-दीक्षा से प्रसन्न थे और गुरुकुल की परंपरा के अनुसार शिष्यों को आखिरी उपदेश देने की तैयारी कर रहे थे।

उन्होंने ऊँची आवाज़ में कहा , " आप सभी एक जगह एकत्रित हो जाएं , मुझे आपको आखिरी उपदेश देना है ."

गुरु की आज्ञा का पालन करते हुए सभी शिष्य एक जगह एकत्रित हो गए .

गुरु जी ने अपने हाथ में कुछ लकड़ी के खिलौने पकडे हुए थे , उन्होंने शिष्यों को खिलौने दिखाते हुए कहा , " आप को इन तीनो खिलौनों में अंतर ढूँढने हैं।"

सभी शिष्य ध्यानपूर्वक खिलौनों को देखने लगे , तीनो लकड़ी से बने बिलकुल एक समान दिखने वाले गुड्डे थे . सभी चकित थे की भला इनमे क्या अंतर हो सकता है ?

तभी किसी ने कहा , " अरे , ये देखो इस गुड्डे के में एक छेद है ."

यह संकेत काफी था ,जल्द ही शिष्यों ने पता लगा लिया और गुरु जी से बोले ,

" गुरु जी इन गुड्डों में बस इतना ही अंतर है कि –

एक के दोनों कान में छेद है

दूसरे के एक कान और एक मुंह में छेद है ,

और तीसरे के सिर्फ एक कान में छेद है "

गुरु जी बोले , " बिलकुल सही , और उन्होंने धातु का एक पतला तार देते हुए उसे कान के छेद में डालने के लिए कहा ."

शिष्यों ने वैसा ही किया . तार पहले गुड्डे के एक कान से होता हुआ दूसरे कान से निकल गया , दूसरे गुड्डे के कान से होते हुए मुंह से निकल गया और तीसरे के कान में घुसा पर कहीं से निकल नहीं पाया .

तब गुरु जी ने शिष्यों से गुड्डे अपने हाथ में लेते हुए कहा , " प्रिय शिष्यों , इन तीन गुड्डों की तरह ही आपके जीवन में तीन तरह के व्यक्ति आयेंगे .

पहला गुड्डा ऐसे व्यक्तियों को दर्शाता है जो आपकी बात एक कान से सुनकर दूसरे से निकाल देंगे ,आप ऐसे लोगों से कभी अपनी समस्या साझा ना करें .

दूसरा गुड्डा ऐसे लोगों को दर्शाता है जो आपकी बात सुनते हैं और उसे दूसरों के सामने जा कर बोलते हैं , इनसे बचें , और कभी अपनी महत्वपूर्ण बातें इन्हें ना बताएँ।

वहीं तीसरा गुड्डा ऐसे लोगों का प्रतीक है जिनपर आप भरोसा कर सकते हैं , और उनसे किसी भी तरह का विचार – विमर्श कर सकते हैं , सलाह ले सकते हैं , यही वो लोग हैं जो आपकी ताकत है और इन्हें आपको कभी नहीं खोना चाहिए . " ऐसे लोग आपकी बात कभी किसी को नहीं बताते

26

बोलने से मनुष्य का साक्षात्कार होता है

दास प्रथा के दिनों में एक मालिक के पास अनेकों गुलाम हुआ करते थे। उन्हीं में से एक था लुक़मान। लुक़मान था तो सिर्फ एक गुलाम लेकिन वह बड़ा ही चतुर और बुद्धिमान था। उसकी ख्याति दूर दराज़ के इलाकों में फैलने लगी थी। एक दिन इस बात की खबर उसके मालिक को लगी, मालिक ने लुक़मान को बुलाया और कहा- सुनते हैं, कि तुम बहुत बुद्धिमान हो। मैं तुम्हारी बुद्धिमानी की परीक्षा लेना चाहता हूँ।

अगर तुम इम्तिहान में पास हो गए तो तुम्हें गुलामी से छुट्टी दे दी जाएगी। अच्छा जाओ, एक मरे हुए बकरे को काटो और उसका जो हिस्सा बढ़िया हो, उसे ले आओ। लुक़मान ने आदेश का पालन किया और मरे हुए बकरे की जीभ लाकर मालिक के सामने रख दी। कारण पूछने पर कि जीभ ही क्यों लाया ! लुक़मान ने कहा- अगर शरीर में जीभ अच्छी हो तो सब कुछ अच्छा-ही-अच्छा होता है। मालिक ने आदेश देते हुए कहा- "अच्छा! इसे उठा ले जाओ और अब बकरे का जो हिस्सा बुरा हो उसे ले आओ।"

लुक़मान बाहर गया, लेकिन थोड़ी ही देर में उसने उसी जीभ को लाकर मालिक के सामने फिर रख दिया। फिर से कारण पूछने पर लुक़मान ने कहा- "अगर शरीर में जीभ अच्छी नहीं तो सब बुरा-ही-बुरा है। "उसने आगे कहते हुए कहा- "मालिक! वाणी तो सभी के पास जन्मजात होती है, परन्तु बोलना किसी-किसी को ही आता है...क्या बोलें? कैसे शब्द बोलें, कब बोलें। इस एक कला को बहुत ही कम लोग जानते हैं। एक बात से प्रेम झरता है और दूसरी बात से झगड़ा होता है।

कड़वी बातों ने संसार में न जाने कितने झगड़े पैदा किये हैं। इस जीभ ने ही दुनिया में बड़े-बड़े कहर ढाये हैं। जीभ तीन इंच का वो हथियार है जिससे कोई छः फिट के आदमी को भी मार सकता है तो कोई मरते हुए इंसान में भी प्राण फूंक सकता है। संसार के सभी प्राणियों में वाणी का वरदान मात्र मानव को ही मिला है। उसके सदुपयोग से स्वर्ग पृथ्वी पर उतर सकता है और दुरूपयोग से स्वर्ग भी नरक में परिणत हो सकता है।

भारत के विनाशकारी महाभारत का युद्ध वाणी के गलत प्रयोग का ही परिणाम था। "मालिक, लुक़मान की बुद्धिमानी और चतुराई भरी बातों को सुनकर बहुत खुश हुए ; आज उनके गुलाम ने उन्हें एक बहुत बड़ी सीख दी थी और उन्होंने उसे आजाद कर दिया।

मित्रों, हमेशा याद रखिए - मधुर वाणी एक वरदान है जो हमें लोकप्रिय बनाती है वहीं कर्कश या तीखी बोली हमें अपयश दिलाती है और हमारी प्रतिष्ठा को कम करती है। आपकी वाणी कैसी है ? यदि वो तीखी है या सामान्य भी है तो उसे मीठा बनाने का प्रयास करिये। आपकी वाणी आपके व्यक्तित्व का प्रतिबिम्ब है, उसे अच्छा होना ही चाहिए।

27

सहायता सही समय पर

एक गाँव में एक किसान रहता था। उसका गाँव के बाहर एक छोटा सा खेत था। एक बार फसल बोने के कुछ दिनों बाद उसके खेत में चिड़िया ने घोंसला बना लिया।

कुछ समय बीता, तो चिड़िया ने वहाँ दो अंडे भी दे दिए। उन अंडों में से दो छोटे-छोटे बच्चे निकल आये। वे बड़े मज़े से उस खेत में अपना जीवन गुजारने लगे।

कुछ महीनों बाद फसल कटाई का समय आ गया। गाँव के सभी किसान अपने खेतों की फ़सल की कटाई में लग गए। अब चिड़िया और उसके बच्चों का वह खेत छोड़कर नए स्थान पर जाने का समय आ गया था।

एक दिन खेत में चिड़िया के बच्चों ने किसान को यह कहते सुना कि कल मैं फ़सल कटाई के लिए अपने पड़ोसी से पूछूंगा और उसे खेत में भेजूंगा। यह सुनकर चिड़िया के बच्चे परेशान हो गए। उस समय चिड़िया कहीं गई हुई थी। जब वह वापस लौटी, तो बच्चों ने उसे किसान की बात बताते हुए कहा, "माँ, आज हमारा यहाँ अंतिम दिन है। रात में हमें दूसरे स्थान के लिए यहाँ से निकला होगा।"

चिड़िया ने उत्तर दिया, "इतनी जल्दी नहीं बच्चों। मुझे नहीं लगता कि कल खेत में फसल की कटाई होगी।"

चिड़िया की कही बात सही साबित हुई। दूसरे दिन किसान का पड़ोसी खेत में नहीं आया और फ़सल की कटाई न हो सकी।

शाम को किसान खेत में आया और खेत को जैसे का तैसा देख बुदबुदाने लगा कि ये पड़ोसी तो नहीं आया। ऐसा करता हूँ कल अपने किसी रिश्तेदार को भेज देता हूँ।"

चिड़िया के बच्चों ने फिर से किसान की बात सुन ली और परेशान हो गए। जब चिड़िया को उन्होंने ये बात बताई, तो वह बोली, "तुम लोग चिंता मत करो। आज रात हमें जाने की ज़रूरत नहीं है। मुझे नहीं लगता कि किसान का रिश्तेदार आएगा।"

ठीक ऐसा ही हुआ और किसान का रिश्तेदार अगले दिन खेत नहीं पहुँचा। चिड़िया के बच्चे हैरान थे कि उनकी माँ की हर बात सही हो रही है।

अगली शाम किसान जब खेत आया, तो खेत की वही स्थिति देख बुदबुदाने लगा कि ये लोग तो कहने के बाद भी कटाई के लिए आते नहीं है। कल मैं ख़ुद आकर फ़सल की कटाई शुरू करूंगा।

चिड़िया के बच्चों ने किसान की ये बात भी सुन ली। अपनी माँ को जब उन्होंने ये बताया तो वह बोली, "बच्चों, अब समय आ गया है ये खेत छोड़ने का। हम आज रात ही ये खेत छोड़कर दूसरी जगह चले जायेंगे।"

दोनों बच्चे हैरान थे कि इस बार ऐसा क्या है, जो माँ खेत छोड़ने को तैयार है। उन्होंने पूछा, तो चिड़िया बोली, "बच्चों, पिछली दो बार किसान कटाई के लिए दूसरों पर निर्भर था। दूसरों को कहकर उसने अपने काम से पल्ला झाड़ लिया था। लेकिन इस बार ऐसा नहीं है। इस बार उसने यह ज़िम्मेदारी अपने कंधों पर ले ली है। इसलिए वह अवश्य आएगा।"

उसी रात चिड़िया और उसके बच्चे उस खेत से उड़ गए और कहीं और चले गए।

दूसरों की सहायता लेने में कोई बुराई नहीं है। किंतु यदि आप समय पर काम शुरू करना चाहते हैं और चाहते हैं कि वह समय पर पूरा हो जाये, तो उस काम की ज़िम्मेदारी स्वयं लेनी होगी। दूसरे भी मदद उसी की करते हैं, जो अपनी मदद करता है।

28

दलदल और हाथी

एक राजा के पास कई हाथी थे लेकिन एक हाथी बहुत शक्तिशाली था, बहुत आज्ञाकारी, समझदार व युद्ध-कौशल में निपुण था, बहुत से युद्धों में वह भेजा गया था और वह राजा को विजय दिलाकर वापस लौटा था। इसलिए वह महाराज का सबसे प्रिय हाथी था। समय गुजरता गया... और एक समय ऐसा भी आया, जब वह वृद्ध दिखने लगा। अब वह पहले की तरह कार्य नहीं कर पाता था।

इसलिए अब राजा उसे युद्ध क्षेत्र में भी नहीं भेजते थे।

एक दिन वह सरोवर में जल पीने के लिए गया, लेकिन वहीं कीचड़ में उसका पैर धँस गया और फिर धँसता ही चला गया। उस हाथी ने बहुत कोशिश की, लेकिन वह उस कीचड़ से स्वयं को नहीं निकाल पाया। उसकी चिंघाड़ने की आवाज से लोगों को यह पता चल गया कि वह हाथी संकट में है। हाथी के फँसने का समाचार राजा तक भी पहुँचा।

राजा समेत सभी लोग हाथी के आसपास इक्कठा हो गए और विभिन्न प्रकार के शारीरिक प्रयत्न उसे निकालने के लिए करने लगे। लेकिन बहुत देर तक प्रयास करने के उपरांत कोई मार्ग नहीं निकला।

तभी गौतम बुद्ध मार्गभ्रमण कर रहे थे। राजा और सारा मंत्रीमंडल तथागत गौतम बुद्ध के पास गये और अनुरोध किया कि आप हमें इस बिकट परिस्थिति में मार्गदर्शन करें।

गौतम बुद्ध ने सबके घटनास्थल का निरीक्षण किया और फिर राजा को सुझाव दिया कि सरोवर के चारों और युद्ध के नगाड़े बजाए जाएँ। सुनने वालो को विचित्र लगा कि भला नगाड़े बजाने से वह फँसा हुआ हाथी बाहर कैसे निकलेगा। जैसे ही युद्ध के नगाड़े बजने प्रारंभ हुए, वैसे ही उस मृतप्राय हाथी के हाव-भाव में परिवर्तन आने लगा। पहले तो वह धीरे-धीरे करके खड़ा हुआ और फिर सबको हतप्रभ करते हुए स्वयं ही कीचड़ से बाहर निकल आया।

गौतम बुद्ध ने सबको स्पष्ट किया कि हाथी की शारीरिक क्षमता में कमी नहीं थी, आवश्यकता मात्र उसके अंदर उत्साह के संचार करने की थी।

दोस्तो "जीवन में उत्साह बनाए रखने के लिए आवश्यक है कि मनुष्य सकारात्मक चिंतन बनाए रखे और निराशा को हावी न होने दें। कभी-कभी निरंतर मिलने वाली असफलताओं से व्यक्ति यह मान लेता है कि अब वह पहले की तरह कार्य नहीं कर सकता, लेकिन यह पूर्ण सच नहीं है।

सराहना / सुझाव

पन्नो का संग्रह नहीं - भावनाओं का पुष्प गुच्छ ।

संकेत शाह (चार्टर्ड अकाउंटेंट)

बहुत कम शब्दो मे कही गई सटीक बात ।

मिताली अग्निहोत्री (डाटा साइंटिस्ट)

हमेशा की तरह सबसे अलग , ऐसा लगा जैसे खुद मेरी अपनी जिंदगी से जुड़ी है कहानियाँ ।

डॉ॰ पूर्णिमा शर्मा (सायकोलोजिस्ट)

हर चीज़ की , हर आदमी की कोई न कोई कहानी जरूर होती है और वे करती हैं बातें - ढेर सारी बातें

प्रेरणा अग्रवाल (बैंक मैनेजर)

बहुत ही शानदार कहानियाँ है, आज के इस भौतिकवादी संसार में हमें अच्छे दोस्तों जैसी कहानियों का साथ मिलना बहुत ज्यादा जरुरी है नहीं तो हम इंसान से जड़ बन जाएंगे। उम्मीद है कि आपकी बातें लोगों में प्रभाव छोड़ेगी!

राहुल वशिष्ठ (क्रॉम्पटन लिमिटेड)

कहानी के हर शब्द से कुछ ना कुछ सीखा जा सकता है ।

राघव (ऐमिटी नोएडा)

हीरे सी चमकती - हीरे जैसी कहानियाँ।

उपासना जैन (ग्रहणी मोदीनगर, उत्तर प्रदेश)

जिंदगी के हर सवाल का तो नहीं लेकिन काफी सवालों का जवाब देती हैं कहानियाँ ।

विकास तिवारी (होटल संचालक, देहारादून)

लेखक का आशावादी व्यक्तित्व सामने आता है ।

वंदना (गाज़ियाबाद)

ना जाने कब ये कहानियाँ मुझे मेरे बचपन मे ले गई ।

नईम खान (राम पुर)